D1699931

Sonderzahl

»Hier endet die Fremde«

KUNDEYT ŞURDUM
WERKAUSGABE

Hg. v. Claudio Bechter im Auftrag des
vorarlberg museums und des
Franz-Michael-Felder-Archivs der
Vorarlberger Landesbibliothek

Sonderzahl

Publiziert mit Unterstützung des vorarlberg museums sowie seines Hauptsponsors Hypo Vorarlberg und in Kooperation mit der Vorarlberger Landesbibliothek.

vorarlberg museum Schriften 65

www.sonderzahl.at
www.vorarlbergmuseum.at

Gesetzt aus der Adobe Garamond Pro, Graublau Sans
Druck: finidr
Umschlag von Matthias Schmidt
Projektleitung vorarlberg museum: Magdalena Venier
ISBN 978 3 85449 593 2

INHALT

REDE

Ich glaube, viele wollen es wissen, wer dieser Fremde ist, der auf Deutsch schreibt. Wenn ich auf die Uhr schaue, dann sehe ich, daß inzwischen mehr als 25 Jahre vergangen sind, daß ich die ersten Gedichte oder wie sie auch heißen mögen, Ende der sechziger Jahre geschrieben habe. Geschrieben und weggelegt liegen sie in den Schubladen, versteckt in den Mappen, zwischen anderen Papieren, Jahre vergehen, bis ich sie finde und lese. Die mir immer noch gefallen, die, von denen ich mich an ein paar Worte erinnere, lege ich in eine neue Mappe, die ich leichter finden kann, wenn ich doch einige Gedichte für eine Lesung brauche. Johann Peter Hebel hat bestimmt seine Gedichte überarbeitet, um ihnen die beste Form zu geben. Georg Trakl hat es auch so gemacht, ein einziges Wort hat er mehrere Male durch ein anderes Wort ersetzt. Was ich tue, ist, daß ich die Gedichte in die Schublade stecke. Dann hole ich sie heraus; wenn sie mir gefallen, veröffentliche ich sie. Wenn ich aber einen Artikel falsch verwendet habe, verbessere ich ihn; wenn der neue das Fließen des Gedichts stört, werfe ich das Gedicht weg. Weder Hebel noch Trakl bin ich. Wo finde ich noch ein passenderes Wort, mit dem ich meine Gedichte überarbeiten kann? Die deutschen Sätze in mir schreibe ich auf die Papiere, habe keine anderen Sätze, außer denen, die ich schreibe. Deshalb kann ich auf dem Markt schwer ein Hemd kaufen. Ich bin ein Fremder mit einem gebrochenen Deutsch. Dann muß ich mich trösten und denke, du hast einige Gedichte geschrieben: deine deutschsprachigen Freunde, die Lyrik, Romane oder Hörspiele schreiben, akzeptieren doch deine Arbeit. Also, bleibe ein Fremder, sprich mit deinem gebrochenen Deutsch, wenn du ein Brot kaufen mußt. Manchmal hilft es, wenn ich mir so zurede, manchmal hilft es nicht.

Dann sage ich mir, daß es in der Weltliteratur viele Schriftsteller gibt, die in einer Fremdsprache große Werke geschrieben haben. Auf diese Erklärung hin überfällt mich eine bittere Antwort: sie beherrschten die Fremdsprache, in der sie schrieben, genau so gut wie ihre Muttersprache, wenn nicht besser. Eine furchtbare Last ist das ...

Ich weiß nicht, ob ich nach dieser Auszeichnung bessere Gedichte schreiben werde, weder hoffe ich es, noch erwarte ich es von mir. Ich weiß aber, daß es gut war, jeden Tag, besonders jede Nacht mit den Gedichten gelebt zu haben. Das werde ich weiter machen.

GEDICHTBÄNDE

UNTER EINEM GELIEHENEN HIMMEL
(1988)

I. MEINE HÄNDE GREIFEN NACH DEN WÖRTERN

Meine Hände weilen am Gestade

Meine Hände weilen am Gestade
An dem Lobpreisen lasse ich die Liebe hängen
wie einen Hut am Haken
die Liebe taumelt und wird erblinden
kühl sind die Waldblumen im Spiegel

Meine Hände weilen auf dem Beruf
eines Büchsenmachers, der sagt
Ich zehre an der Härte
die wird weich

In den Weidenlinien siehst du das Ziel
ostwärts
an der Erde nackt
auf den Gipfeln hin- und herspringend
seinen mageren Schatten
und die schwarzen Spatzen fliegen hin
einer wird es treffen

Das Ziel betet und die Muscheln schreien
versteckt im Sand
Die Fische, die die Luft bezwingen
und die eilenden Kinder
ziehen sich zurück

Ein angezündetes Leuchten eines Sturmes
besiegter Korsar an den Schläfen der Tannen
der Blitz einer Erinnerung weilt einen Atem lang
an irgendeinem Gesicht
und verlöscht mich

Der Tod ist das Licht eines anderen
das uns erhellt
Das Ende des Weinens ist die Freude
die uns der Schmerz gönnt
und dann diese weißen Schwäne
und die Hähne, die bunten
und das Eis, das schmilzt
und die Wiesen und Berge und die Wärme,
die kommen wird.

Und wenn es zwischen meinen Eingeweiden
bloße Stellen gibt
so möge die Kugel zickzack fliegen
ohne ein wichtiges Organ zu berühren

Ich drücke mit beiden Händen
und hasse sein Nasenbein am meisten
und wasche meine Hände
am Gestade

Der alte Dichter
für Michael Köhlmeier

Ein endlos trüber Federhalter
hält hoch den Mond überm Meer
Manchmal wacht er mit Beamten auf
geht durch die Gassen
sucht Reime für verliebte Mädchen
rät einer Hausfrau die Tugend der Armut
lobt die schönen Tage, die kommen werden
verherrlicht die alten guten Zeiten
Findet gemein, daß man so brutal ist
daß man streikt, daß es Kriege gibt
daß die gesunden Menschen faulenzen
in den Cafés
und obwohl sein Herz so weich ist
wie Samt, wünscht er von der Regierung
daß sie härtere Maßnahmen treffe
Da er aber nichts anderes vermag
übt er seine alte Tätigkeit aus
und beschreibt
einen Mond überm Meer

Das Gedicht

Das Gedicht streichelt die Felder gerne
Zeige ihm die Schlachtfelder
Lehre es den Tod.
Das Gedicht weilt gerne bei den alten Frauen
schläft ein
auf dem Schoß einer Zigeunerin.
Wenn die Fischer auf Fang gehen, sollst du es wecken.

Auch mit den Schichtarbeitern
darf das Gedicht schnell frühstücken
an der Bushaltestelle stehen
ein Helles trinken
Wenn du aber das Gedicht faulenzen siehst,
sollst du große Buchstaben schneiden
aus den Wahlreden der Präsidenten
und laß sie mit den Buchstaben
von Garcia Lorca vergleichen

Auch Gedichte müssen unterrichtet werden

Ich verschweige dich

Ich verschweige dich
Rauch, den die Kinder verstecken

Ich verschweige dich, Haus,
das ein Strolch bewohnt

Ich verschweige dich
du langer Herbst des Nomadenlagers

Ich verschweige dich
du Scham, der die Wünsche löscht

Ich verschweige dich
Straße, deine Geschichte erwacht
Ich verschweige euch alle:
Der Fluß sei mein Zeuge,
sei mein Zeuge, Bogen,
den ich nicht spannte.

Liebe mich, wenn ich meine
Stummheit mit Buchstaben stemple

Die Vögel mögen erzählen
doch sie ziehen fort von einem
Berg zum anderen
Ich bin ein Brief eines Gefangenen bis der Tag anbricht

Dein Gesicht zerstreute Bilder

Dein Gesicht zerstreute Bilder
Wörter, die mich umschlingen
deine Augen Gedicht – ein Gedicht – aus
würzen mir den Schlaf
ich verstecke meine Verwundung
in der Nacht
umarme mich
wenn ich dich noch berühre
schreist du zweimal
und an einem Tisch
am hellichten Tag
werde ich erwürgt

An einem Tisch werde ich erwürgt
hab ich nicht die Sterne berührt
mit den Wörtern
die weicher sind als Durst
hab ich nicht die Bergwerke gestreichelt
in den Nächten der Unzufriedenheit
so werd ich erwürgt

Eine Frau wird sich betrachten
ich werde am Tisch bleiben
du wirst zweimal schreien
es wird gewiß regnen
in die Nacht

Hast du dein Land nur

Hast du dein Land nur
an diesem Strand
wo die glorreichen Jahre ausrinnen
in Muscheln
wo man auf Botschaften wartet
sachte Träume nur
übergebe ich dir

Ich kenne die Sternenschrift nicht
nicht wie der Hirt da oben
nicht wie die Gelehrten
wenn unsere Hände sich finden bekomme ich Angst

Was soll ich die Sterne besingen
jeden Augenblick können sie verlöschen
gut daß wir den Tag überlebt haben
was wird uns aber weiter helfen
in einer sternenlosen Nacht

Wie eine Forelle ist meine Liebe
auf den Pflastersteinen dieser Welt
wird grün sein die Nacht
wenn unsere Hände sich finden
unter Korn und Stein
Wenn der Traktor schweigt
schweigt der Panzer nicht

Was bleibt uns noch zu schauen
am Meer bei Üsküdar
vergißt du je den Tod?
War er gestern
auf der Leinwand
freigegeben ab 6 Jahren
geht es dir nie verloren
dein Lächeln
in den Tonfilmstreifen
oder beim Singen der alten Lieder
die nicht älter sind als du und ich
vor den Tigeraugen einer Gleichgültigkeit
sind wir geboren
deshalb schmecken wir nach Hoffnungslosigkeit

Die winkende Einsamkeit

Die winkende Einsamkeit vom Himmel herab
die winkende Einsamkeit von der Wüste her
Wenn einer aus der Metro herauskommt
Wo die Menschen wie Blätter treiben
sollst du versuchen einen Moment zu stehen

Das ist eine Freiheit der Selbstwahl
Den Trug kann man ertragen
eine lachende Einsamkeit, die ist ein Zeichen
abgegeben vom Mondschein
Du mußt es tragen auf der Brust

Sonst stündest du da ergrimmt
mit weichen Ellenbogen

Das Merkmal beharrt

das merkmal beharrt
er wird abend
die sehnsucht verirrt sich
im überdruß
streitet um die liebe
und sieht überall schuldige
hinter jedem fenster
spürt sie die überlebensspezialisten auf
leibwächter der gewißheit
sie lief von meer zu meer
sie floß in die wüste hinein
sie kam hierher
ihre schuhsohlen abgelaufen
sie sitzt auf einem sessel
ich sitze auf dem anderen
plötzlich sind die papiere weiß
plötzlich schmecken wir die hoffnung
noch hält die wand

Wenn die Zeit kommt, daß ich

Wenn die Zeit kommt, daß ich
aus vier zertrümmerten Wänden
die Unermeßlichkeit errichte
die schweflige Liebe
als Decke überspanne
in die Leere als Boden
die Samen zerstreue,
erwache ich dann
in die Nacht des Hirten hinein
oder schlafe ich ein
am Tage des Bebens

Was nicht mitfließt
in den Güssen
ist
ein Phantom
was fließt
ein ungestümes Herz,
in dessen Tiefe
mein Erwachen
ein Nest für die Erinnerungen
Wörter wie Samen in Panik

Meine Hände greifen nach den Wörtern

Meine Hände greifen nach den Wörtern
Die Wörter weichen aus
Ich suche sie in den alten Kleidern
Zwischen vergilbten Papieren
Finde nur, was verlogen ist
Was funkelt pechschwarz
Reime Klage mit Plage
Ruhm mit Rum

Du aber schläfst
Weit wie die Sterne
Den Schlaf der Kinder
Aus Kinderzorn ist dein Erwachen
Am Rande der Träume
Wenn du einschläfst
Schläfst du lächelnd

Sicherlich sind jene Schiffe im Hafen
Wie deine Träume schlicht und schön
Gib mir deine Träume mein Kind
Für eine einzige Nacht
Gib mir deine junge Stimme
Für einen einzigen Schrei

Gegen Meere mit Möwen möchte ich schreien
An die Hoffnung und Freude

Es gibt einen einzigen Gott

es gibt einen einzigen gott
der dichtet das erste licht
führe mich o gott
durch deine wörter
in ihnen bin ich so fremd

mach, daß dein rilke nebenan
nur für ein gedicht lang zu mir kommt
nicht, daß ich dich preisen will
dein ast hat schon geblüht
mit dem mann, der immer wiederkehrt

die den menschen
ein wahres Zeichen geben
sind unvollkommen und wenig
die möchte ich preisen

II. DER GERECHTE TAG IN TATVAN

Flöhe

Als es Krieg gab auf der Welt
und unsere Armee in Bereitschaft war
und die Obrigkeit Wege suchte
gegen Flöhe
hatte jedes Kind Pfeil und Bogen
Meine waren aus Ästen
des Granatapfelbaumes geschnitten

Die Hockenden

Die hinter den Bergen
die hocken
sie hocken an den Mauern
an den Mauern der Lehmhäuser
an den Mauern der Friedhöfe
hocken sie
ihre Mütter haben sie
auf den Feldern
die trocken sind
hockend geboren
wenn sie sterben
kippen sie um
beim Hocken
und sterben

Die Frau des Gutsherrn

Die Frau des Gutsherrn
der sieben Dörfer hat
wacht auf
Es wachen auf
Wasserkrüge, Milchkannen
ein langer Junitag
In die Küche gekrochen
an das Küchenfeuer
zieht sie das Hufeisen des Ineinanderwohnens
An der Schürze
die saubere Dünung
Nur müde und
hinab und hinauf
stets unten
in der Dämmerung der Großmutter

Tage, deren Schrift
Schmerz
deren Hoffnung
eine gelbe Kuh ist
ergeben sich

Tage, die das Ziegenhaar der Geduld
der dürre Rücken der Wiederholungen sind
werden vom Traum gerissen

Im Fastenmonat der Steine
wäscht sie die Steine
wenn die Blumen beten
begießt sie die Sonne
wenn der Mond mit zwei Hirten
den kleinen See tauft
schaltet sie
um Mitternacht
die Grillen ein

Die Einsamkeit ist ein langer Junitag

Die Einsamkeit ist ein langer Junitag
einschläfernd in die Erde gemischt
in die Papiere eingenistet
blendend in Angst

Komm und schau
es ist kein Traum worauf wir warten
ist kein Traum
Komm und schau
aus dem Zufluchtsort deiner Wimpern
Es wandert der Sommer mit den Steppen
überall wird Sand
wo noch Disteln sind
wird Sand

Der Gutsherr hat sieben Dörfer
Sonnengürtel, Distelstich, einen langen Junitag
wenn ein Acker vollstreckt
bleiben ihm noch viele Felder.
Was uns bleibt, ist Distelstich
ein Feld voller Steine

Der Landarbeiter sammelt die Steine
und legt sie beiseite
sammelt die Steine und legt beiseite
sammelt und legt sie beiseite
der Landmann

Dann setzt er sich auf einen Stein
betrachtet das Feld
dann betrachtet er das Feld
von einem Hügel aus

Endlich geht er in seine Hütte
durch das Fenster schaut er
Er schaut von seinem Lager
schaut und schaut auf das Feld

Als er schlief träumte er
von schwarzen Raben
deren Schatten auf dem Feld
schwarze Bärte hatten

Größer als mein Körper

Größer als mein Körper
sagt das weite Kind
dieser mein Hunger

dieser mein Hunger
sagt die Frau in der Ferne
dauert länger als eure Liebe

Der Mann bewahrt das Feuer vor Ausbeutung
Er hat sonst nichts
ertastet die Erde mit Wärme
Er hat sonst nichts
die Würmer begrüßt er lächelnd
Die Vögel kennt er mit Namen
Wenn er aber ins Auge der Sättigung schaut
ekelt er sich

Salacak

Es ist still hier oben
wir singen ein Lied
Schiffe ziehen vorbei
ein Vogel fliegt empor
ich nehme an, daß die Menschen
zufrieden sind
dort am Strand

Die Menschen dort am Strand
der Fischer, der sein Netz flickt
der Mann auf der Bank
sie glauben, stelle ich mir vor
daß wir glücklich sind
mit unserem Lied

Der Vogel dreht sich umsonst
auf dem Spiegel des Meers findet sich kein Fang
der Mann am Strand gähnt
seine Langeweile
und das Lied, das wir murmeln
ist uns fremd

Das Lied der Liebe trifft uns nicht trifft den Fischer nicht
trifft den Beamten nicht, die Beamten, die nach Hause
fahren im Schiff, auf dem Bosporus, nach Üsküdar
Das Lied paßt nicht den Abendzeitungen, die sie lesen
Paßt nicht dem Mann dort am Strand
nicht dem Hunger des Vogels

Allein wie im Schlaf

Allein wie im Schlaf
verantwortungslos wie Träume
langweilig am Tag
deine Politik uralt und trügerisch
achtlos und mörderisch
deine Agrarpolitik
Wirtschafts- und Freundschaftspolitik
Entwicklungs-
und Entwicklungshilfepolitik
sie wachsen
aus
dem
Krieg
werden reif bis zur Reue nach dem Tod
und beginnen von neuem

was dein Gewissen schreibt
auf die Papiere
wird blaß

eine Bö dein Gedächtnis

Vierzeiler

I

Die Kinder lernen viele Schimpfwörter auf der Straße
Wie sollen sie sonst bestehen auf der Straße
Der Haß spült besser den Schmerz weg
Die Liebe bleibt ja fern auf der Straße

II

Seht ihr nicht jemand geht mit der Axt
Hört ihr nicht der Schweiß rinnt umsonst
Merkt ihr nicht in was sich verwandelt
das Schöne was das auch sein mag

III

Enttäuscht durch tausend Lügen
trotzdem ruhig bleibt er
Sie lachen darüber daß er schweigt
und betrügen ihn weiter

IV

Einmal hatte ich dich vergessen
warum habe ich nicht so weiter gelebt
Es fehlte ja nichts außer dir
Ich hatte dich vergessen

V
Dreiundvierzig Jahre
vom Leben entfernt
Waren die schön die Nächte
die ich vergessen habe

VI
Daß man nicht foltern darf, steht im Gesetzbuch
Daß es Liebe gibt, steht im Gebetbuch
Zwischen dem Gesetz- und Gebetbuch ein Hin und Her
Vom Bett zum Kerker vom Kerker ins Bett

Der Angriff wird währen, laß die Toten liegen

Der Angriff wird währen, laß die Toten liegen
Vergiß nur nicht ihre Namen aufzuschreiben
Wenn dein Heft voll wird, benütze die Fahrkarten
Dann verbrenne sie, zerstreue sie in die Lüfte
zerstreue sie an den Haltestellen, auf den Plätzen
vor den Kanonen und vor der Burg
vertraue dem Winde
dem Wind der Steine, Gassen und Häuser
der von den Bergen und Dreschstätten zum Toten kommt,
vertraue ihm, der zu Bergen und Steppen zurückweht vom Toten

Die totgesagte Blume, sie wird blühen
Sie wird blühen am Tage, in den blutigen Kammern
in den Kammern der Gefolterten
in den Kammern des Erbarmenden
an deinen und meinen Lippen

Der Angriff währt
Halte ihn, den Toten fest in deinen Armen
Leg seinen Kopf auf deinen Schoß
Du kannst seine Stirn küssen
Du kannst sogar weinen
so viel Zeit haben wir
so wie die anderen

Es gibt schöne Tage

es gibt schöne tage
in jahren in wochen
daß es frieden gibt
in manchen ländern
ab und zu ist es wahr

wer möcht es nicht
daß überall friede sei
in jeder zeit
in jedem land
viele möchten es
denn
es gibt mächte
die so geschickt vernichten
daß jedes mal
ein schimmer hoffnung
aufrecht bleibt

Fenster

für Gert Westphal

Eines Tages öffnete ich das Fenster
um Istanbul zu sehen,
Auf der Straße gingen zwei Kinder
eine Frau klopfte Teppiche
Gerade unter meinem Fenster
stand ein Mann, ich sah
die Dächer, die rot
die Wolken, die weiß waren.

Überall auf der Welt, wenn ich
das Fenster öffne um zu sehen
wie Istanbul heute ist
wie die Menschen von Istanbul sind,
sehe ich immer Straßen,
Dächer und Frauen.
Männer sehe ich im Kampf
um ihr tägliches Brot.

Ich mag die Fenster der Welt
auch wenn sie vergittert sind
auch zugenagelt
zugemauert ohne Vorhang
Sie erinnern doch an die Menschen
irgendwo auf der Welt
an eine Frau, an einen Mann,
an Menschen auf der Straße.
Ihre leise Stimme höre ich
ihre Hoffnung fühle ich.
Nein, man darf nicht aufgeben,
nicht so schnell.

Der gerechte Tag in Tatvan

Was da geschrieben ist, bis zum nächsten Frieden
sind dort die Atempausen in den Adern der Ochsen
der Pflugochsen

Was da verurteilt ist, bis zum nächsten Winter
ist dort der Streik der Felder
der Schlachtfelder

Was da gestundet ist, fängt hier an
was hier verachtet wird, kommt auch zu dir

Mich verurteilt Chile
Irgendwann
Irgendwo erwecke ich Tatvan

Frühling

Vom Süden kommen
merkwürdige Gerüche
Der Regenmantel, der die Revolver
versteckt,
und das Lächeln der Empfänge
wurde argwöhnisch
Es ist Frühling

Schlägst du die Hände vors Gesicht
daß der Frühling bitter sein wird in
deinem Land
der Sommer lang, das
Lied verboten

Politik

Als ob es ein einziges Wort
eines Buches sei
steht
unauffällig
an einem Strand
das Haus

Man kann es ausradieren
wegspülen samt Möbel
man kann es hochsprengen
mit Katzen unterm Divan
ausschneiden aus dem Bild
mit Menschen in der Küche

Meine Zeitgenossen

Frösteln
gegen Morgen
spitzig und ein bißchen fern von der Zeit
noch entfernter von meinen Zeitgenossen
die wie ein Seeungeheuer lauern
mit tausend Blicken
abertausend Fangarmen
grinsend und irgendwie
tadelnd schauen
als ob sie verzeihen wollten
und als ob sie
bedauerlicherweise nicht
verzeihen können
meine zeitgenossen

III. DIE HUMMER SCHMECKEN WUNDERBAR

Februar

1

Zerschmettert hast du
dann gekrönt mit dem Februar meine Geburt
ohne Blätter eröffnet hast du
ein Bild der alten Sultanei
deine Stille

Der Schnee rundet die Eiskristalle
der Wind bohrt Löcher in dein letztes Lächeln
mein Vermächtnis der frierende Mensch

Ich habe die Nelke nicht berührt
der Frühling kommt allmählich
langsam werd ich sinken
tief ins Grün
allmählich sinken.

2

Zerschmettert hast du
dann gekrönt
die Schmerzen der Erde
bestreut mit Säuglingen
in der Kälte erstarrte Spuren des Lichts
an den Schläfen ein pochendes Land
Euer ist mein Drache voll Wind
Schneide ich den Baum
säubere ich die Nacht
von ihren Blättern
trinke die Gärten aus,
wie ein Kussatem befruchteter Blumen
sättigt das lange Tier
im flinken Taumel
und verläßt

Ich liebe dich wie einen Kehrreim

Ich liebe dich wie einen Kehrreim
den ich noch nicht ausgesprochen

für unser Bett suche ich
Apfelsinen Erdbeeren
rote Weintrauben

für unser Haus brauchen wir
Hammer Stein und Zement
was bringt man
zu einer Liebe

der Tag ohne Liebe mit dir
ohne die Wärme deines Frühstücks
ohne deinen Lippenstift mit dem Erdbeerenduft
ist ein langer Tag

es ist ein langer Tag
voll mit verrückten Katzen
voll mit Unsichtbaren um mich herum
die geräuschvoll und unsichtbar enden

daß ich nicht taub werde
von neuem
in dem riesigen Uhrwerk
denke ich an dich
die du schön angelegt bist
in den Kieselsteinen eines Strandes
an der kühlen Weinrebe

ich denke an dich
und atme
ich atme und gewöhne mich
zu entschuldigen
wegen des Tages
der zu Ende geht
und suche vergebens weiter
Sand und Hammer
und Geranien für unser Haus

am Morgen wachen wir auf
mit den Wolken
du und ich und die Wolken
auf unseren Stirnen
die Röte des Himmels
weder jung noch alt
wachen wir auf

ich muß meine Nächte verbringen
fern von dir
ich muß dich am Tage
heimlich sehen
es ist ein Glück
daß uns
eine Umarmung gelingt

eine Beschwichtigung
aufgeweckt
von den Bergen
die ihre Einsamkeit meißeln

Das Irren
gewählt von den Winden
die ihre Richtung suchen
weine nicht vor Glück

das ist der Anfang
der Trennung
die nahe liegt

nein weine nicht vor Glück
Vergeude deine Träne nicht

Ich sitze da und schaue auf den Berg

Ich sitze da und schaue auf den Berg
Allein und einzig steht er da
Wenn er mich ansieht, wie ich ihn sehe
So sagt er sicherlich
Da sitzt einer allein

Überdruß

Schön ist der Mensch, dessen
Weib klug ist, eine Frau, die
den Ofen heizen kann
und die Trauer des Morgens entfacht
durch Frühstück und Zeitung
die Angst vor der Zukunft sammelt
aus dem Spiegel

Dann bricht wieder die Nacht herein
die Nacht, der müde Jäger
schießt einfach auf die Weiber
und auf die, deren Eingeweide schon
eingetrocknet sind
durch den Abendwind

Dann bricht wieder die Nacht herein
die Nacht des Ehemannes vor dem Bett
mit dem Bajonettlächeln.
Er ist bereit wie der Fluß
irgendwo auf der Welt
zu sinken
in den Grenzen der Städte
in Schleim und Abguß
bis ihn dann
ein Meer
teilnahmslos aufnimmt.

Ein korrekter Beamter
das alte Meer.
Er ist bereit abzureiten
auf einem Karussell
aus einem Rilke-Gedicht
mit einer fremden Jungfrau
sich selbst ertappend
in ihren Händen papierne Blumen

Das Meer läßt Spalten zurück

Das Meer läßt Spalten zurück
Die Sonne sticht
Dies alles tröstet mich nicht
Ich habe dir wehgetan

Die Hälfte deines Kusses ist bei mir
Auch die Blumen
vergessen ihren Duft irgendwo
Als der Nachmittag kam
lief ich zu dir
Irgendwann muß doch das Leben
anfangen

Wie ein Meer werde ich allmählich unsichtbar
wie die Sonne
stechen und verlassen
Selbst der Mond sucht für sich
einen neuen Himmel
um hinein zu stürzen
und ich gelange in die Nacht
was dann

Rechts von mir
vergilbte Bilder aus einem Traum
links
fast auf meiner Schulter
Reue wie Schneehaufen

Es wird ein Vogel aufflattern
sagt man
Habe ich nichts anderes zu tun
als zu glauben

Duft

Was für ein Duft
sagten die Astern
als du vorbeigingst

Was für ein Rauschen
sagten der Wind und die Blätter
und schauten auf deinen Rocksaum

Sie wird den Werksomnibus
versäumen dachte ich und
der Herbst ist so nahe

Die Hummer schmecken wunderbar

sie ziehen auf
verschönern
die sonnenblumen
haben große füße für das große wasser
sie naschen an den hüften der standuhren
auf den böden scherben dünner klänge

ich sage
die hummer lassen die teller klirren
und halten das meer in bewegung
eine unterstellung des meeres sagen sie empört
und verschlucken dabei den koch und kellner

sie kennen den fischer nicht
wenn sie das meer sehen werden sie fromm
und kaufen andenken reumütig
für ihre frauen

die großfüßigen beherrschen viele sprachen
haben viele kopfkissen gerochen

Park

Zufluchtsort, grün
Ich habe Freude mit einem Kieselstein
am Rande des Wegs
Vielleicht kommt ein Reh vorbei

Gelogen ist es, daß man stirbt

Dieser Baum, dieser Himmel
Ich stehe und erblicke eine Frau
wie schön seid ihr alle
Wie schön bist du Geliebte

Und doch
An jedem Gesicht ist es unsichtbar
An jedem Gesicht ausgesperrt
was ich fürchte
Deine Schönheit sagt es mir mit Bestimmtheit
Es ist nicht unmöglich
Wenn man so schön sein kann
Kann man auch sterben.

Verzweiflung

Die Liebe wird nicht vergehen
sie ist wichtig
sie wird bestehen,
die Liebe der Steine.
Hast du je gesehen, daß sie sterben
die Steine,
sie leben,
und die Liebe der Steine besteht.

Wo ist Prinz Eugen
der Große
Er starb weil er nicht mehr atmete.

Es täuschen uns aber die Namen.
Es ist falsch, daß man sagt,
man lebt wenn der Name bleibt,
Der Name bleibt, nicht aber der Mensch,
Der Name die Moschee das Minarett.

Leonardo da Vinci starb –
weil er nicht atmete.
Sein Name lebt,
er aber nicht mehr.

Ich möchte die Liebe der Steine
das Leben der Schatten.
Ich möchte ein Gürtel sein
der dich umschlingt.

Liebeslied

bestimmt, wir sind zu zerstreut
wenn wir uns lieben
wenn wir lieben
vergessen wir das brot
das hemd und die blume

in uns irgendwo zwei körper
zwei messer zwei sonnen
eine brandung sicherlich
daß es draußen
purpurne nächte gibt
vergessen wir

wo dein antlitz ist
wo dein schatten
dunkle legende in einem augenblick

Lebensfreude

Was für ein Tag ist das
daß ich so glücklich bin
als ob ich eine Geliebte hätte
singe ich für mich hin

Zwei Kinder spielen im Kahn
der umgekippt am Strande liegt
die Sonne erwärmt den alten Fischer
und die Katze auf seinem Netz

Grüßgott, du, alter Fischer
Wer flickt dein Netz, wenn nicht du
Ich weiß, daß du, genau wie die Katze
alt und allein und hungrig bist
Aber schau dir mal die Kinder an
spielend fischen sie die seltsamsten Fische
aus dem sonnentrunkenen Sand

Haben wir Zeit für die Lieder

Haben wir Zeit für die Lieder
voll mit Schmerzen und Hoffnung
voll von Träumen und Blut
Jedes Lied erinnert an das Altwerden so oder so
an die Müdigkeit
ausgesperrt an allen Abenden ein Lied ohne Kampf und Armut
wie ein Regen hinter den Scheiben

Als ich kam, warst du nicht

Als ich kam, warst du nicht
auf der Welt, langsam
erkaltete das Licht.
Oder müde geworden
meine Augen
wegen des langen Wartens
stumpf geworden meine Blicke vielleicht

Was gibts denn hinter den
sieben Bergen
in den schmalen Gassen
an den Haltestellen
Allein und einsam schaute
ich
in die Lichter
schaute zu lange

Viele Nächte habe ich
gesehen, in denen
Lastträger schlafen
Weißt du, alle
haben lange Hälse,
die Lastträger, wenn der Körper
unter der Last sinkt
strebt der Kopf in die Höhe
der Adamsapfel ragt hervor
und der Hals, der wird länger
Wie kannst du das
wissen, du warst nicht da.

Als du in die Welt kamst
hinter den sieben Bergen,
schrieb ich über die
Kinderdrachen aus Zeitungspapieren
über die Geduld der Bauern und
träumte vom Frieden
ich liebte oft, glaubte oft zu lieben
ich hatte keine Ahnung von deiner Geburt.

Ich schuf mich aus Lehm
und gab mir die ovale Form
der Erdkugel traurig, ernst
und ohne Liebe
bis ich dich sah, deine
weit geöffneten Augen voll mit Licht.

Das sind die alten Kleider von Lisbeth

Das sind die alten Kleider von Lisbeth
kurz nach dem Krieg
als ob sie sich
in einem Wasser sähe
sieht sie Kindergesichter
die traurigen Augen der Nachbarn

Lisbeth sucht ihren Körper
in den alten Kästen
wühlt in den Märchen

die Schneenächte
Nächte der Glocken
die ich nicht kenne
lassen sie unbemerkt blaß
heimlich gekrochen
in all ihre Jahre
wie mich der Koran füllte
ohne zu wissen

wir sind die Gefangenen
mit dem Bewußtsein einer besseren Welt
neue Falten wirst du bekommen
im Kampf
wo du am schönsten bist
an deinem Mund

November

Es scheint die Blätter und der Baum
hätten nichts zu schaffen
miteinander

Das Bild scheint sich etwas aufzublähen
jeder November braucht einen Rahmen

Wolltest du schreien vor Freude
Narr, der sinkt
bringt ihn zu seinem Lager
bringt einen Rahmen einen Rahmen

IV. DIE LANGEWEILE DER FAHNEN

Sie haben sich nicht entfernt

Sie haben sich nicht entfernt
wenn sie schlafen
Wer aber erschrocken erwacht
wandert lang
mit seinem Traum

Für solche ist nur die Erde Heimat
denn wer sich einmal entfernt
geht unendlich weit

Der Held

nach dem heroischen herbst
verbildlicht in der tagesschau
meine ruhe meine schuhe
mein hemd

in chile in persien
hier und da
sammelt er schöne bilder
er ist pflichtbewußt, freund
der schönen künste
sein alltägliches beamtengesicht
hausväterlich

mit dem gleichen lächeln
begießt er die blumen im garten
mit den gleichen gesichtszügen drückt er
foltertasten
in chile in persien
hier und da

Der stehende Arbeitslose

Sie färbten die Welt mit grauer Geduld
Trotzdem gleichen wir uns
die Häuser und ich
Sie träumen auch stehend
Sie sehen auch gerne den Himmel an
und die Menschen, die abends
heimgehen
mit täglichem Brot

Bestimmt, ich habe wirklich nichts gesagt

Bestimmt, ich habe wirklich nichts gesagt
was sie für schlecht halten.
Deshalb bin ich hier
deshalb geht's mir gut.

Alle die geschrien haben
sitzen im Gefängnis
Ich bin hier und sehe
wie schlecht es war zu schweigen

Trennung

Ich will nicht, daß Mutter mich weckt
Wenn ich schlafe auf dem Sofa
In meinen Fäusten die Kühle der Pflaumen
Ich weiß wohl, wenn ich aufwache
Wird mein Vater nach Deutschland fahren

Ich will nicht, daß Mutter mich ruft
Wenn ich spiele unterm Pflaumenbaum
Ich weiß wohl, wenn ich aufhöre zu spielen
Werde ich nach Deutschland fahren

Deutschland Deutschland Wiegenlied
Deutschland Deutschland Tränenlied

Die Langeweile der Fahnen

Die Langeweile der Fahnen
treibt rote Flecke
auf die Brüste
die Hefte, die ich besitze
vermehren sich

Das Meer hebt gleichgültig
seine Skorpionbeine hoch
wir löschen ahnungslos die Leuchttürme
für die Städte der Fremdenzimmer

Plötzlich wissen wir nicht,
wer lief zum Meer
wer löschte die Sonne im Flur
wer war dieser Gast mit der Stille
eines Kindes
mit dem Geruch ferner Schornsteine
unter einem geliehenen Himmel
geht er

Afrika

Nackt wie das Weinen
wahr wie das Staunen des Gitterstabes
traurig wie die Hoffnung

Schöpft ihr aus dem Traum
ihr anderen aus den Lüften
die weißen Sprüche
haucht sie ins Zauberhorn

So schlafe ich ein
das Verhauchte um mich
Buchstaben Bilder Ton

A wie Aas mit Blumen erschreckt zweifach
Bilder für jeden Haushalt
Ton wie Schrei

Die Hand voll Haschisch so kommt die Welt
Panzer, nicht schießen, nicht hier
ich schlafe ja, schlafe schon

Nicht das Meer suchend

Das Suchen, die Arme hochstreckend
hob sich
aus dem Tau
faßte den Himmel, zerrte an ihm

Sei dir bewußt ·
suche den Grund nicht
Freu dich an der Schattenburg
in einer Stadt des Oktobers
grün
weiß
blau namens Feldkirch
Nicht das Meer suchend

Eine Wüste habe ich hierher geschleppt
eine nackte,
die gerne ihren unsichtbaren Schatten herbeiführt
und einer Möwe
den Ort verlieh
zum Sterben

Eine Möwe, nichts als
eine Möwe, die das Weite gelernt hat
den Weg fernab

Nein nicht das Meer
suchend, eine Schale nur
die glänzt, allein
als wäre sie wahr

Die Stunden des Vollmondes
stoßen ihre Schreie aus
Ich kenne den Namen der Liebe nicht
im Schatten des Gebälks,
der zersprang

Obwohl ich dem Unsinn einen Namen gebe
geht trotzdem die Sonne auf
ein Mann an der Theke trinkt seinen Wein
und streichelt das Meer
mit Sandkörnern wetteifernd
so schön und ohne Sinn
Das möchte ich
eine Lanzendrohung mit den Wörtern
Ich vermag
nur den Schmerz an den Knochen zu fühlen
nicht aber
den Geschmack der Sandkörner an meinen Lippen
zum zweiten Mal erleben
noch ein einziges Mal

Haut an Haut
mit dem Sinn und der Klarheit zu leben
ist beängstigend
Ich darf doch nicht schweigen

Die Trennung ist ein Sommer

Die Trennung ist ein Sommer
wird länger
auf den trockenen Feldern.
Suche deine Sense, deine Harke
spanne den gelben Ochsen und dein Weib
vor den Pflug
Wach auf
bevor der Fabrikbus abfährt
reihe dich ein an der Haltestelle

An der Haltestelle Kälte
der Schnee der Nacht, Mond und Lampe
Lösch den Sommer aus
decke deinen Traum zu
bewahre ihn bis zum Schichtwechsel

Am Ende welcher Straße

Am Ende welcher Straße sind eure Schafe
zerstreute Vögel der Bahnhöfe
Ihr setzt euch gerne auf die Bänke
und bietet an
eure lange Zeit
für wen denn ja für wen

Eure Hoffnung zerdrückt von tausend Stempeln
eure Hände groß und kräftig
hart gemacht für Schaufel und Besen
ja für Schaufel und Besen

An einem sonnigen Tag wie an diesem
mit einem hellbraunen Koffer aus Holz
sagt Veli
ich gehe nach Haus
Ali sagt: diesen Winter bleibe ich noch –
und geht die Straße entlang

Er geht die Straße entlang
die Straßen mögen enden
am Ende welcher Straße sind seine Schafe
am Ende welcher Straße ist seine Frau
ihre Brust ihr Atem ihre Zöpfe

Osman sagt: ich kann doch nicht zurück
mit leeren Händen
sieht dabei
die Schaufel und den Besen
vier Schafe sieben Kinder eine Frau
hat er zu Hause gelassen

Ich arbeite für zwei Länder

ich arbeite für zwei länder
sagt Mehmet
der mensch hat auch zwei hände
sagt Ahmet

richtig
sagt Mehmet
klar
sagt Ahmet
erledigt ist die geschichte

und dort
hinter den bergen wo
der arbeitslose neffe hockt
welche weisheit hättest du

Bahnhof

kinder vergessen schnell
deshalb sei nicht traurig
wenn sie dich nicht wiedererkennen
siehst du zurück
über dem Sakaryafluß ziehen reife wolken vorbei
dort am ufer auf den steinen rings spielen kinder
wenn sie nicht sterben an masern an
träumerischer Unterernährung
findest du sie wieder unter der holzbirne
wenn du auf urlaub gehst
mit tonband und kofferradio
bringst du ihnen sicher
eine blauäugige puppe

komm über die trockenen fugen komm bepackt mit geschenken
geschmuggelt an zahlreichen grenzen komm an fahnen vorbei
komm bald denn die kinder sterben schnell

Das Öl der Maschinen

das ist das öl der maschinen
du siehst es manchmal
auf den beinen deiner geliebten
in deinem brot

kaum sichtbar ist es
in den schwarzen aktentaschen
es lacht in den sommerzeiten
in den werbesendungen hörst du es singen
unbemerkt weint es
bei den geburtenbeihilfen, die ermuntern

wie der schaum des meeres
vermehrt es sich in den kassen
in den küchen
mit neu erworbenen kühlschränken
mit günstigen krediten
schläfert es ein

das öl, die unsichtbare taube
setzt sich auf ein rennpferd
in eine jacht, das gleiche öl

Der kleine Italiener

Im Winter wanderst du
im Olivenhain

Ein Dunst
durch die schmalen Gänge

Eine Kellnerin
treibt sich herum
der heisere Klang
zerbricht den Teller

Die Klapptüren öffnen sich
die Gerüche im Galopp
wer stirbt
mit einem
Tellerwäscher

Wenn ich unsterblich wäre

Wenn ich unsterblich wäre
würde ich gerne aus Dankbarkeit
Tag für Tag
in einer Strumpffabrik
an der gleichen Maschine arbeiten
Ich würde nicht sterben
an Langeweile

Meine Frau würde
in der Küche
Geschirr spülen
wenn sie unsterblich wäre

Da wir wissen
daß alles vergänglich ist
arbeite ich in einer Strumpffabrik
und meine Frau
spült
Tag für Tag
ihr Geschirr
und wir sterben nicht
an unserer Langeweile

Draußen

Bist du verwundet meine Genugtuung
Der Himmel belästigt meine Füße
Eine Heilanstalt ist der Stein
auf dem ich sitze

Vergiß mich, ich bin ein Fremder
habe Scheu vor den Händlern
vor den Trick-Track-Spielern
vor der Nacktheit der Blinden
vor der Unsterblichkeit, für die
ich keine Verwendung habe

Wenn ich atme, stöhnt der Stein
schwankt das Meer

V. IN DER HEIMAT MEINES SOHNES

Es ist immer zu früh

Am Anfang bekam ich
eine Arbeitsgenehmigung
Ich durfte arbeiten

Jetzt bekommt die Firma
eine Beschäftigungsbewilligung
und
läßt
mich
arbeiten

Es ist mir völlig gleich
was die Wörter bedeuten
Um etwas zu verstehen
ist es immer zu früh

Diesen Winter

Meine Frau sagt mir
Kehren wir zurück
Du hast Sehnsucht
nach deiner Kindheit

Ich denke an meinen Sohn
und möchte nicht
daß er Sehnsucht hat
nach seiner Kindheit

Und sage: Diesen Winter
bleiben wir noch

Die Heimat meines Sohnes

die heimat meines sohnes
hat lange beine
ich weiß immer noch nicht
wann sie lacht

die heimat meines sohnes
beherrscht sich
wann sie zu gleiten beginnt
weiß ich nicht

eine richtung nach paris
nach istanbul diese da
die weltreise des wiegenlieds
kenn ich nicht

die kinderreime
die du auszählst
trockene zweige in der leere

vieles wird mir
fremd bleiben
in deiner sprache

In der Heimat meines Sohnes

Weniger und weniger wird
das bißchen Hoffnung
So wird der Sohn älter

Ich schlafe an der Maschine nicht ein
Noch kenne ich den Galopp
noch mache ich mit

Doch die Zeit
die braucht neue Menschen

Wird es schwer sein zu sterben
in der Heimat meines Sohnes

Dynastie

Das sind die Münder der Kinder
Sie meucheln und beißen aus den Federn der Vögel
der Sonnenvögel
Sie beißen flink
mit den Schuppen der Fische
der Nachtfische

Die Hitze des Steines, die der Alte mag .
Die Kälte der Lebenden, ich eröffne sie
Das Rasen eines Fallbeiles
wiederholt den Fehler
ohne Reue

O Hunger jetzt habe ich dich
der du gemacht bist und
den Tod verschönerst
Auch ich habe dich
Ohne Läutwerk verzauberst du
das Häßliche des Häßlichen

O mein Sommer mein Sommer
du geschiehst mir
Das Spiegelbild geschieht mir

Sie meucheln
die Kinder
mit ihrem schnellen Tod

VI. KUSS UM KUSS RACHE NEHMEND

Während ich meine Hände wasche

Während ich meine Hände wasche, kommt es, trommelt mit
Genugtuung.
Ich fliehe zum Handtuch, es schüttelt winzige Stiere auf meine
Brust.
Ich ziehe ein Hemd an, um die Stiere zu blenden;
Doch zwischen meiner Haut und dem Stoff die Gewaltsamkeit
der Umarmung

Dann die Küche ganz schnell
etwas Sommer, anmaßende Ruhe der
Sonnenblume auf den Tellern,
viel Durchsichtiges
auf den Regalen
Gläser, meine Süchtigkeit
beinahe in Erwartung gespült zu werden
Ein Leichtsinn überall
Du bist nicht drinnen

Doch es kommt und verwandelt das Küchenmesser in ein
Schwert.
Das Brot fürchtet sich nicht
und das Fleisch, luftdicht verpackt,
tropft keinen heroischen Flecken
auf die Kacheln

Ich bücke mich
und suche Hufspuren der Schlachtpferde bis zum Flur
dort sehe ich eine Frau
mit langen Haaren in den Achselhöhlen
die tägliche Zeitung hochheben.
Noch kann ich zurück
Aber wie lange noch fliehen
Entweder bleibt das Rauschen der Gräser in der Luft
und man beseitigt die Hufspuren mit einem Poliermittel
oder du besiegst mich
Ich koche meinen Tee, lese zarte Röcke aus der Zeitung
Es kommt und setzt sich auf meine Schultern, zahm und

harmlos

doch es drückt

Mein Vater badet allein

Mein Vater badet allein
im Bad, weil meine Mutter
ihn nicht liebt
Mein Vater hat keinen Menschen
der ihm seinen Rücken schrubbt
obwohl er nicht ledig ist
Mein Vater würde gerne ledig sein
weil er allein ist im Bad
Er ist allein im Bett
obwohl meine Mutter neben ihm liegt

Meine Mutter hat nichts dagegen
wenn er im selben Bett liegt
solange er sie nicht berührt

Wenn ich dich wie einen Apfel

Wenn ich dich wie einen Apfel schälen
wie einen Pfirsich riechen dürfte
deinen schlanken Hals berühren
will ich
und berühre deinen Hals
und warte darauf, daß
dein Körper sich spannt
mit Ekel.

So liebe ich deinen Körper
deinen Ekel schürend
mit Schaum des Hasses
Kuß um Kuß Rache nehmend

Sobald ich die Augen schließe

Sobald ich die Augen schließe
schießt du einfach mit den Reimen
willst das Gedicht mir erschweren
Mein Meister aß weiße Trauben
auf dem Ast der Pflaumen

So duftvoll ist mein Korb nicht
Du langhaariges Christenkind
Meine Geliebte im Bad
aus dem ein Papagei fliegend
die weißen Wände bunt bemalt

Das Donauwasser lügt im Lied
in dem es spricht, ich fließe nicht
ich fließe nicht, doch es fließt
und meine Geliebte wäscht sich die Haare

Elif heißt sie nicht
Auch Lorelei nicht
Wie sie heißt ist meine Frage

Die Liebe spaltet

Die Liebe spaltet, wie die Geburt die Zeit spaltet
bis hinab zu den Schultern
blutig und müde
die Nacht.

Die Liebe spricht nie
mit Strümpfen aus Nebel um ihren Beinen
mit der Sage eines Krieges.
Aber sie singt und in ihrem Gesang
ein Heereszug, der den Kehrreim nachsingt
Laß mich sein, laß mich sein
Blasebalg, Sternenfall

Die Liebe läßt ihren Pelz niedergleiten
von den Schultern fallen die nächste Weinernte und
das morgige Brot
vom Fußboden springt
ein Leopard

Wenn ich mein Gewicht

Wenn ich mein Gewicht
mit den Ellbogen leichter mache
verrate ich mich
daß ich denke

Wenn du stöhnst
weiß ich
daß du mir
verziehen hast

Zufluchtsort, schwarz

Zufluchtsort, schwarz
Ich schreite in Schwarz
Ich wate in der Dunkelheit.
Die Wärme des Blutes
an meinen Füßen
Ist es das
Blut Deiner Brust kleines Mädchen
oder hast Du geweint?

Zufluchtsort, schwarz
manchmal stolpere ich
über Papyrusblätter
taste die zwischenstaatlichen Abkommen
verjährte Verträge rutschen gefährlich
ich schleppe Dich mit
kleines Mädchen
oder willst Du nicht?

Wohin wir auch gehen
sehen wir Deinesgleichen
Kinder, sternenalt, ausgelöscht
Ein Wasserspiegel ohne Farben
kein Licht lacht, gewiß kein Brot in der Hand
Doch fühle ich plötzlich
das weiche unsichtbare Weiß Deiner Haut

Ich öffne Dein Hemd siegreich und allein
Mit der Berührung schreien wir beide

Die Angespanntheit meiner Jugend

Die Angespanntheit meiner Jugend
berührt mich, will mich umgestalten
wie fühlt sich die Zeit
wenn ich dich berühre
Was bist du so jung

Wurde ich reif oder
verfaulte ich
Wo stünde ich jetzt
wenn nicht bei dir
Wanderte ich nur deinetwegen
Wer zeigte mir dein Land

Noch einmal zum Strand
des Knaben
wieder die Kühle des Meeres am jungen Körper
Ich hätte keinen Sohn
Du wärest nicht geboren
Das Grab des Vaters gäbe es nicht
Eine Erwartung nur
Nur eine Form der Freude
und Traurigkeit
die den Schlaf nicht störte
ich war jung

Gewiß warst du
in dieser Freude
und der Tod in der Traurigkeit

Weder dich noch ihn kannte ich
ich aß viel, las viel
keinen Brief schrieb ich in die Ferne
Kein Brief kam aus der Ferne

Doch will ich nicht zurück, denn
die Erwartung ist stets in mir
Außerdem wie kann ich wissen
daß ich dich nochmals treffe

Der verlorene Sohn soll
in dem Alten bleiben
Ich bleibe bei dir

Ich kenne die Welle der Gnade nicht

Ich kenne die Welle der Gnade
nicht
in meinen Ohren und habe
in meinem Mund die Kühle
der Erbarmung nicht erlebt

Ich kenne nur das Glück
des Überlebens
die kurze Freude
des Gerettetseins

Ich kenne und kenne nicht
die Liebe
Ich suche und suche nicht
die Liebe

Was ich habe
genügt mir nicht
wird mich nicht freuen
was ich haben werde

Am Morgen

Das ist doch das Schwanken
des leeren Kübels
in dem kühlen Brunnenschacht
Schneide ab das Seil
ein Licht erlischt
sinkend

Das Schiff hält den Hafen nicht
der Hafen hält das Meer nicht
die schwarzen Weintrauben
und Granatäpfel
ein Eiszapfen fällt ab schimmernd
Wo hast du geschlafen

KEIN TAG GEHT SPURLOS VORBEI
(2002)

I. BIS ZUR LIEBE

Als Kind wünschte ich

Als Kind wünschte ich
ein bärtiger Greis zu sein
von der Stunde des Nachmittags
borge ich mein Gesicht
wer mich grüßt
soll die Liebe grüßen

die liebe

die liebe will
nicht geteilt werden
verträgt keine andere zuneigung

eher beschlägt sie sich
wie eine fensterscheibe
versteckt die weide
den langen lauf der schönen pferde

sie kennt keine nächstenliebe

bis zur liebe

der nacht habe ich nichts gegeben
dieses licht stammt nicht von mir
keinen anteil habe ich
an erde und himmel

der erde gebe ich papiere
dem himmel meinen atem
weder freude noch schmerz
habe ich verdient
doch erlebe ich beide

Maulana

er sagte der tod ist die vereinigung

in der nacht des sterbens
freute er sich
und sagte
ich gehe zu gott
der sein ganzes leben lang
jenseits des glaubens und unglaubens war

wir sind hier
und wissen nicht
ob wir uns freuen oder trauern sollen
der mittlere weg
wäre
unwürdig
für Maulanas leben

Kein Vorsatz
für Erich Fried

Ich beneide die das schreiben
was sie nicht schreiben dürften
Hier kenne ich niemanden
der mir verbieten könnte
was ich schreibe
trotzdem habe ich das Gefühl
daß ich nicht schreibe
was ich nicht schreiben darf

Eine lächerliche Freiheit in mir
eine langweilige um mich
die gleichgültig macht

Manche Gedichte
für Ulrike Längle

Manche Gedichte sind weder schön noch nützlich
Niemand liest sie
Wenn jemand sie zufällig findet
liest er sie nicht einmal bis zur Mitte
Schade um das Papier sagt man

Ich mag solche Gedichte
die man nicht Gedichte nennen kann
Ich bin ein Sammler
Wenn ich keins finde
schreibe ich selber

Vielleicht kommt der Tag

Gedichtbände

Mein Abend

Mein Abend ähnelt mir
Er raucht die Nacht
wie eine Zigarette
Denn ich drehe die Nächte
und rauche sie

Mein Abend liebt im Nu
was an Hoffnung übrigbleibt
entgeht ihm nicht. Wir gleichen uns

Ich halte dich an deinem Handgelenk
und bringe dich in meine Nacht

man sagt

man sagt
es ist ein traum nur
ein schein
daß es hunger gibt
wenn die kugeln
dicht an mir vorbei sausen
ist es bestimmt ein albtraum

man sagt
es ist ein traum nur
ein schein
wenn es so ist
ist es ein schöner traum
daß ich dich liebe

Mutter

Der verborgene Gram
geht durch das Nadelöhr
setzt sich auf die Flügel
eines Schmetterlings

Die Hand umfängt
den feuchten Stoff
durchbohrt und
hält ihn wieder

Der Strickrahmen
größer als der Mond
in der kleinen Hand

Für wen bewahrst du
diese Veilchen die
Tränen sind

Von meinen Lippen
fleht die Mutter
Aus meinen Augen
schaut ein Kind

Es gibt viele Dinge

Es gibt viele Dinge die
ich nicht verstehe
von deiner und
meiner Religion

Würde sich etwas verändern
wenn Jesus nur ein Mensch wäre

Wieso steht es im Koran daß
Gott verschiedene Völker geschaffen hat
damit sie in Eintracht leben

Würde es also mehr Krieg geben
wenn die Menschheit nur
aus einem Volk bestünde

Ich möchte etwas tun für meinen sohn

I

Ich möchte daß mein sohn zu mir kommt
und sagt lehre mich etwas
anscheinend hat er einen anderen mond
lebt auf einer anderen insel
und kommt nicht
was mich traurig macht

so lebe ich in einer durchsichtigkeit
die schwankt zwischen zorn und trost
und sage zu mir
was würde ich ihn lehren
wenn er doch käme

II

was würde ich meinen sohn lehren
ich bin der der wartet
das ewige drehen der kenntnisse
zwischen wunder und selbstverständlichkeit
kein zeichen für mich

Ich möchte keine seele die böses gebietet
meine seele hörst du das
ich möchte keine tadelnde seele haben
meine seele willst du das
Ich möchte eine beruhigte seele haben
schaffst du das

Wärme I

Meine ältere Schwester
sieht die Modehefte an
sie wählt dieses
und dann jenes

Bleib so wie du bist
möchte ich ihr sagen
und berühre ihre Haare
sie sind warm

Lächelnd dreht sie sich zu mir
streichelt meine Wange
und blättert weiter
in dem Heft

Wärme II

Ich sehe schöne Dinge
wenn ich die Augen aufmache
Bei geschlossenen Augen
sehe ich was ich will
Aber um die Wärme unserer Katze
zu fühlen
muß ich sie zuerst fangen

Wärme III

Ich saß auf dem Teppich und spielte
Am liebsten wäre ich draußen gewesen
Meine Mutter sah mich durch die Tür an
und ging wieder in die Küche
Sie war eine grüne Wiese mit vielen Blumen

II. DIE FALSCHE VEREINIGUNG

Ehemann

Alles sah ich die Armut
die keine Hoffnung brachte
den Krieg der den Tod lächerlich machte

Ich sammelte aus Trümmern
einer Stadt Steine
Und baute mir eine Hütte
Ich sammelte aus dem Meer
Flaschen und verkaufte sie

Wenn man mit Scherben
Geschäfte macht
macht man sich die Hände wund
aber verhungert nicht

Ehefrau I

Aus den Scherben machte
er Fabriken die Perlen auswerfen
aus den Perlen machte er
Sprengstoff aus den Sprengstoffen
Fahrzeuge die die Lüfte zerrissen

Jetzt denkst du an den Himmel und
die Liebe
Deine trockene Zunge machst du naß
von meinem Körper

Ehefrau II

Sie vergehen nicht
die Nächte
sie verlöschen mich

Am Morgen sehen wir uns nicht an
Wir sind allein mit unserm Stolz
allein mit unserem Überdruß

Sein Schweigen beim Frühstück
erreicht mich nicht
Mein Schweigen hat keine Bedeutung für ihn

Die falsche Vereinigung

Was dich streichelt
vor dem Morgenaufbruch
ist nicht der Wunsch
zum Miteinander
Der Nebel will nur weggeblasen sein

Wer gebiert die Hände und den Fuß
in dieser Kleinstadt
die billig kauft und teuer verkauft
Alles dauert zu lange hier
die Stille zu lange
das Einatmen des Verstehens zu lange
Endlich wird das Gesicht sichtbar
die angenommene Winterlandschaft
der Trauer

Kein Traum von einem anderen Leben
diese Früchte anderer Länder
Man ißt sie nur
Das Licht ist selbstverständlich
Das Wort auf allen Landkarten

Der Sonnenaufgang
nach einer Nacht die
die Kinder zu Erwachsenen
die den Traum zum Wein reifen läßt
löscht nicht die Spuren
Sie werden nur schwächer
Was soll man von einer Nacht bewahren

Die Liebe will bestätigt sein
und hat Angst
vor jedem Beweis

Ich umarme dich
was kein Beweis ist
bevor der Himmel seine Farbe wechselt
und küsse das Umherirren

Das Bett hält die Sonne
und das Meer
Es hält sie fest
die Blumen im Topf
und das Geschirr und
alle Enttäuschungen

An die Liebe zu denken ist
lächerlich
Rücken an Rücken
Man sucht nur Zuflucht

Eine Ehe

Ich lebe einen sauberen Augenblick
Jetzt kannst du von mir verlangen
die Schönheiten des leeren Herzens
Ich habe die Sorgen beiseite gelegt
Stricke weiter Geliebte
Ich sitze bei dir

Du strickst da mit gebeugtem Haupt
Vertieft
Ich küsse deine Stirn
Trage dich auf die Berge
Du merkst es nicht

Tage vergehen Jahre Geliebte
Maschen kommen zu Maschen
Saubere Augenblicke Langeweile Freude
Schmerz Hoffnung Kampf
Dein Kopf gelehnt an meinen

Beziehungen

Wie schön
ist der Kuß
in der Luft

Wie fest
ist die Verbindung
des Schusses mit dem Schrei

Wie beständig
blicken die Mütter
zwischen gespaltenen Mauern

kuß und zeit des greisen

solange ich deiner gedenke
ist die zeit
zusammengeschrumpft
solange ich dich roch
verzehrte ich die lebendigkeit

meine träume füllen sich an mit abschied
von einer geburt

ich lege meine hand auf wurzeln der bäume
keine erde die
die berührung hindert
furchtbar

die blüten in der luft
die fische im
kahn
meine liebe

wenn ich auch deiner nicht gedenke
bleibt sie zusammengeschrumpft und
stößt die trauer ins feuer
schiebt die wurzeln zur kirsche

laß die blickketten zerschellen
an den hoffnungen
deren hohlheit den klang der
enttäuschung erweckt
schwächliche weite der meere
toter tag

so wird grausam die liebe
ich mit grauen haaren
küsse dich

III. ABREISSGEDICHTE

Januar

Er rast vom Berg zur Wüste
Weiß immer noch nicht
ob er der Erste ist oder der Letzte

Der Februar

Als wäre der Jänner noch nicht fertig
fühlt sich der Feber überflüssig

März

In manchen Monaten
reihen sich bleiche Tage
Im März nenne ich sie kalt

April

Es ist nicht lange her
daß ich alt bin
Der vergangene Tag liegt
in der Dämmerung
Wenn ich schlafe
im Traum
bin ich flink

Mai

Wieder einmal
sause ich
durch einen Mai

Juni

Wie du in die Ferne schaust
Als wäre es der erste Juni
in deinem Leben

Juli

Ein Lächeln erinnerte ihn
an seine Jugend
Es war der langsame Juli

August

Ich lese ein Buch
schaue aufs Meer
Dann lese ich wieder
Auch der August
wiederholt sich

September

Keine Deckung im September
Man kann nur weiter gehen

Der Oktober

Seit Jahren sucht der Oktober keine Menschen
Er ist zu sehr mit sich selbst beschäftigt

November

Wie bin ich zu diesem November gelangt
fragte er sich in der Straßenbahn
Es war doch September

Dezember

Hier gilt nur ein Verbot
das Nichtlieben
doch die Strafe kennt keiner

Der namenlose Monat

In einem Monat wird es geschehen
ein für alle Mal

IV. GENUGTUUNG IN DER FREMDE

Galata-Brücke

Auf der Galata-Brücke
schlägt die Sonne die Eile
unten an der Anlegestelle
wo die Fischer sind
ist Stille
Weißt du, was schweigen ist
wo man schreien sollte

Unter der Brücke
mischen sich zwei Meere
das Wasser des Goldenen Horns
mit dem des Bosporus
Ich schaue ins Wasser und
durchquere mein Land

ich beobachte gerne

ich beobachte gerne das unsichtbare
weiß aber nicht was ich sehe
was ich nicht sehe
dabei höre ich das unhörbare
nach einem geigenspiel
gewiß eine vermutung die stille

nur das was beendet ist
nimmt eine form an

war es eine wiedervereinigung
oder ein abschied
die umarmung

die frage bleibt immer

Was dort nicht erlaubt ist

Was dort nicht erlaubt ist
begrüßt man hier mit Anerkennung
Was hier heiter herumläuft
Steckt man dort
ins Gefängnis
Aber was wir vermissen
ist nicht zu finden
weder dort noch hier

Sie verstehen von Bach nichts

Sie verstehen von Bach nichts,
den Namen Itri haben sie nie gehört,
was ich weiß, ist mein Jahrgang,
in den Bahnhöfen fällt's mir ein.

Was mich einst in vielen Träumen
glücklich machte, erlebe ich
doch ich bin nicht glücklich.
Unzufriedenheit ist mir angeboren.

Ich mache daraus einen Küchentisch,
ein Küchenmesser und viele Tassen Tee.

Gedichtbände

Schuhe I

Sorgfältig hast du die Schuhe gefärbt
mit der Farbe des Frohsinns
deine Mütze aufgesetzt
zwischen den Zähnen einen Weizenhalm
ein Lied des Lebenmüssens
mit ein paar Oliven hast du dich
auf den Weg begeben

Plötzlich findest du dich
auf einem Platz und
siehst dich hundertfach
Du bist die Angst die Eile
Du bist der Weber Veli
Du bist Ali der Arbeitslose

Den Weg von der Ausweglosigkeit
zur Hoffnung geht ihr
entlang der Langeweile

Bist du ein Träumer oder
ein Flüchtling
unter dem Kennwort »ewig«?

Schuhe II

Das ist keine andere Stadt
nur die Namen wechseln
Das ist keine andere Stadt
nur die Namen wechseln
Mein Bart wird weißer
sonst bin ich zufrieden

Daß der Zug vorbeifährt
von Üsküdar nach Üsküdar
von Aysche zu Aysche
weiß ein alter Träumer
ein Flüchtling unter dem Kennwort »ewig«

Ich fahre gerne von Üsküdar weg
Ich fahre gerne von Üsküdar weg
Ich fahre gerne von Üsküdar nach Üsküdar

das heute

göfis kennt göksu nicht
ich kenne sie beide
meine vergangenheit ist die eine hälfte
die gegenwart die andere meines
lebens das wenig zukunft hat

der mensch in der wüste will
daß sie endlich enden möge
nein wie kann ich so etwas wollen hienieden
so dehne ich das heute
soweit ich kann

die trägheit

fragst du nach der langeweile
es schneite leise
die straßenverkäufer ihre hälse schön vom schreien
wollten unbedingt meine gartenschaukel
deren himmel erträumt
deren ruhe verankert
im nebel

alterslos ist mein schaukelwerk für flohmärkte
mein tag kurze blicke
ohne gewalt
ich möchte nach istanbul istanbul

die schuld steigt vom himmel
wohin mit der alten frau
in der ferne
der gläubiger steigt aus dem beton
wo die wüste und kinder aufhören

die zeit ist abtrünnig
keine spur von trauer

nichts gehört mir
abgesehen von der schaukel alles fremd
wenn ich schreie
lächerlich
wer schreit

am morgen kommt der zeuge
kurzatmig
durch das weiß der vogelstimmen
ehe ich mich erhebe
aus einer molluskenschale
steigen vom himmel herab
ja vom himmel flammenmünder
hier und ich fürchte auch in istanbul

auf welcher einsamkeit
reitet man nach istanbul
welche enge ist istanbul

Ich kaufe Schmierseife

Ich kaufe Schmierseife
Ich bestaune die Mädchen
Ihr schaut wie meine Hebamme
mit großen Augen

Ich zahle bar
verlange Nylontasche
Ich steige in das Auto und
fahre weg

Ich halte an
Ich steige aus
Kocht ihr die Bohnen
so lange wie ich

Wer arbeitet, der arbeitet
Man schielt im Paradies nicht
Seid fröhlich all ihr Wanderer
rastet im Schatten
auf grünen Matten
Um die Kasernen
ist die Welt rund

Genugtuung in der Fremde

aufregend ist es das reiten
auf unbekannten ebenen
stolpern auf den fremden steinen
sich freuen nach einem gelungenen sprung
über einen bach
in meiner deutschen sprache

ICH MÖCHTE über die Ruhe
des Nachmittags schreiben
Schon bewegt sich der Schatten
eines Vertriebenen

ICH MÖCHTE das Leben eines Waffenhändlers
bis zum Ende sehen wie die Kinder
nach den stürzenden Drachen spähen
ich fürchte hier endet die Fremde

Ich ging und kam

Ich ging und kam
immer wieder zurück
Da die Menschen weniger wurden
von denen ich Abschied nahm

Ich wohne jetzt da
wie ein Gebetbuch
in einem Hotelzimmer
das bombardiert wird
heute oder morgen

Verzeihung wenn ich Sie kränke
Aber es gibt so viele Menschen
die keine Gewissensbisse haben
auch nachher keine

Mein Schlaf kommt aus dem Meer

Mein Schlaf kommt aus dem Meer
und sucht mich
meine Träume erkennen mich nicht
ich schlafe den Schlaf der Hoffnung
träume aus Sehnsucht

Wo bin ich denn
am Morgen
zwischen Bregenz und Tatvan
in der Pause

Am Mittag kommt meine Müdigkeit
vom Berg Süphan
von Üsküdar meine Sehnsucht
etwas in mir das alles in zwei teilt
ein Lied in mir
halbvergessen

Ausgleich

Auf meinem Tisch ist Rotwein
Auf seinem Tisch Weißwein
Trotzdem freue ich mich
Auch er hat eine Glatze

Was macht es schon?
Ich hätte doch Weißwein
er Rotwein
bestellen können

Und die Glatze, die
gibt mir das Gefühl
im Lande zu sein
wo ich geboren wurde.

V. DER TISCH

der tisch I

Schlaflosigkeit ist der schatten der träume
das licht eines gedichtes
ein tisch, der mir die ferne gibt
auf seinen wellen die schlaflosigkeit

meine hand auf dem tisch wird zum vogel
und fliegt eine zigarette im schnabel
die andere kratzt mich am nacken
etwas höre ich im linken ohr
mein ohr du landstreicher

gegen morgen weckte ich einen schichtarbeiter
am mittag schaute ich lange auf ein haus
als ich das halstuch einer frau bewunderte regnete es
gegen abend war ich zu müde für ihr gedicht

Der Tisch II

Was dort meine Augen schließen läßt
zeigt sich hier an dem Tisch
ein Sternball aus tausend Galaxien

Was dort winzig ist und
trotzdem mit Schmerzen nur geduldet
umfaßt die Welt am Tisch
Um nicht blind zu werden wachst du auf

Die gekerbten Tage die
Selbstgespräche waren

meine mutter sagte mir

meine mutter sagte mir
mein sohn wenn du dich setzen willst
schau vorher genau
wenn du den mund auftust um zu sprechen
denke was du sagen willst
sie sagte mir aber nicht
wie ich mich verhalten soll
wenn ich schreibe

Legende

Es ist nicht leicht
wenn man lange Zeit
eingesperrt in den Nächten lebt
früh zu erwachen
nicht leicht die Geschichte der
vergangenen Tage
richtig zu schreiben

Wenn eine Legende
vierzig Jahre hindurch
mit all ihrem Getöse erzählt wird
von Ministern und Schulbüchern
die Lüge aufgeteilt wird
wie ein ehrlich verdientes Brot
unter den Helden
ist es nicht leicht nicht zu glauben

das ist keine hoffnungslosigkeit

das ist keine hoffnungslosigkeit
ich sehe hier nur keine antwort
alles schön gemalte bilder
eine poesie der brille
zwischen glas und aschenbecher
eine musik meine lust
von einem zimmer ins andere

nein ich möchte weiter
ich bin dankbar für jedes erwachen
das ist keine hoffnungslosigkeit
aber antwort ist es auch keine
in den büchern steht es nicht
in den krankenhäusern
nicht zu erwarten
während des krieges überflüssig sowas

VI. DIE RÄUME

Die Räume

I

Als ich auf dich wartete
in dem Café das ich
das Vorzimmer eines Paradieses nenne
sah ich den alten Hut an einem Haken
an dem das Gefluche eines Dialektes der
Menschen hängt

Der alte Hut verbirgt nichts
daß er die Beweggründe verbirgt
sagt nichts
Das war das Schweigen

So schwieg ich auch
Meine Hände fingen an
ein Anfang zu sein
Unruhiges Sitzen um mich
hurtiges Aufstehen dort am Fenster
plötzliches Stehenbleiben an der Tür

Deute ich einen Traum falsch
oder wurden wirklich zerschlagen
chinesische Teeschalen
aus Porzellan

II

Draußen suchte die Welt den Rückgang
eine zerquetschte Honigmelone
hauchte ihren besten Duft in die Menschenmenge
diesen Duft mag ich
wegen seiner Neugierde
für den Tod

Wenn es darauf ankommt
ist jeder Duft neugierig
sagte der Mann
mit dem Ellbogen
und warf eine Gasbombe in die Menge

Ich laufe und falle und stehe auf und laufe
in dem Café über mir der alte Hut am Haken
du bist nicht da
du kommst nicht

Ich schreie Sätze
du kommst nicht
Inmitten meines Zorns
kommen die anderen und
schleppen mich
um die Welt zu verbessern

III

An der Wand hängen keine Ketten
kein Blasebalg in der Mitte
keine Zangen
nur ein Stuhl
ein blaues und rotes Kabel
und Steckdosen

Wer hier schreit
sieht eine nackte Frau
umschlungen von einer Schlange
die bist du nicht

Ich sitze da und schreie
Der die Knöpfe drückt
wird auch schreien
Die Kammer
der Stuhl
er und ich
wir sind in einer Hand
die uns alle drückt

Deine Hände zu berühren
mit der Liebe ist eine Wonne
die Liebe zu genießen
mit der Wonne ist
das Berühren deiner Hände
mit der Liebe

Nein nein es lohnt sich nicht
Wer hier ist
vergißt
die Liebe
man schreit nur

Das Lächerliche ist
daß man das Lächerliche denkt
Wenn man da nicht stirbt
wird man bestimmt heiser

IV
Die Balkonblumen bringt man
vor dem Winter
in die Keller
um sie zu schützen

In die Kerker wirft man
die Menschen
des Landes
um sich zu schützen

V

Um das Gefängnis wurde es Frühling
Dein Vertrauen kann wachsen
im Namen des Regens und der Peitsche
Die Stäbe lösen die Hände des Himmels
Wie Handschellen fallen die
ersten Lichter
Es ist Frühling

Die Berge ohne Bäume denken
Der alte Bach denkt auch
das Warten macht alles zu dem
was es war
Es war Frühling

Die Berge blieben kahl
nur namenlose kleine Wasserfälle
tauchten auf und verschwanden
Wie stolz sind doch die Blumen und das Gras
Es ist Frühling

Ich strecke mich auf dem blanken Boden
und zeige dem Licht meine Hände
mein Vertrauen kann
vielleicht überdauern
wenn es mir doch wärmer wird
auch den nächsten Frühling

VI

Außerhalb des Gefängnisses
ihr Schlafzimmer
Bilder an der Wand

Weiße Wände weiße
Katzen aus weichem Stoff
ein Schrank voller Kleider
ein Taschentuch auf
dem Nachttisch

Kein Pistolenschuß
kein Schrei
Nur ein wenig naß
das Taschentuch
ein wenig nur
geweint

VII

Es war in meinem Schlafzimmer
gegen Mittag
Ich zog meine Hose an
betrachtete mich selbst im Spiegel
Ich zog meine Hose aus
betrachtete mich im Spiegel
Ich zog meinen Rock an
hielt mein Gesicht dicht an den Spiegel
Nichts war verändert
Ich drehte mich halb
und schaukelte meine Hüfte
wie eine Tänzerin
zwei Mal kurz nach rechts
einmal nach links und lachte
und blieb zu Hause

Er sang

Sie haben ihn schweigen geheißen
Er sang
Sie haben ihn durch die Städte gezogen
Was er zu bieten hatte bot er und sang

Sie haben ihn singend aufgehoben
Hinter den geschlossenen Türen schwieg er
und nach Tagen und Nächten
als er wieder den Himmel sah
begann er mit einem neuen Lied

ein haus

daß die bäume verschwinden ist nicht unerwartet
wenn der schatten der schwalben unsichtbar wird
wenn der kahn den irgendein kind vergessen tief
ins bild durchdringt
fängt die nacht des hauses an

die ruhe des eßzimmers
erinnert sich noch
an das sommerkonzert
wer war der dirigent
der jäger
der brüllend ins schlafzimmer fällt
mit dem wechsel
wirkt die schwäche
und erwischt die traube in der schale
als ob jemand das gewehr hielte
und auf eine blume zielte

doch die decke dreht sich und schnarcht
die bücher fallen auf den boden und
schnarchen weiter

der riß der dunkelheit
ganz
unaufgefordert

VII. KEIN TAG GEHT SPURLOS VORBEI

Vierzeiler

viel schönes geht unter in der eile
gegen die endlosigkeit eine unnütze eile
lauter schönheiten um mich herum
deshalb lebe ich in der eile

kein tag geht spurlos

kein tag geht spurlos vorbei
oft merke ich es nicht
man sieht zwei mädchen sprechen
und glaubt es sei alltäglich
tief im glas glänzt
diese meine einsamkeit
weder grundlose freude noch sorge
als ob ein pferd scheute
schreibe ich die erste zeile
kein tag geht spurlos vorbei

Niemand läßt mich schweigen

Niemand läßt mich schweigen
wie das Meer
in das ich eine Rose geworfen habe
Die Kreise sind fast unsichtbar
Ich hebe einen Stein auf
doch die Rose schwimmt schön
lege ihn wieder beiseite

Nichts kann so zärtlich sein
wie die Unumschränktheit
des großen Wassers

Ich weiß daß das Wasser stets
sein Letztes tut
mit dieser Erfahrung
komme ich zu dir
eine Rose in der Hand

am ufer

Die alte frau kehrt dem meer den rücken
wirft einen stein nach hinten
über die rechte schulter
hört das geräusch des ins wasser fallenden
steines und geht

Seit meiner kindheit
seit meiner jugend
habe ich keinen stein ins meer geworfen

Eine frau die zu leben weiß

»Der Platz auf dem du gehst ist hell«

Du gehst an dem Café vorbei
an einer alten Frau vorbei
an einem Kastanienverkäufer
an einem Kind mit einem roten Ball vorbei

Vielleicht hätte ich dich erreichen können
wenn ich nicht angefangen hätte
dein Gedicht zu schreiben

VIII. BEIM STREICHELN DEINER HAARE

Zwiegespräch

I
Damit sei es vollendet
Das ist unsere Nacht
mit dem Blick in den Himmel

Sei vollendet
Bitternis
am Horizont der letzten Stadt

Sei aber womit erklingt es?
Das unser Märchenende
wenn es anbricht das Ende
was gilt schon das Märchen

Vollendet sei
das Streicheln
durch deine Haare

II
Mit dem Wort fängst du an
löschst die Städte
deckst mich wie die Asche der Märchen
was gilt mir dein Streicheln das
so schwer wie Erdbebensteine
rutscht und zerbricht an
der Liebe
Sei du vollendet
Vollendet

III

Am morgen
sah ich es
über der stadt
ein denkmal richtete sich empor
ein heller leib
ich hatte keine zeit
mein gesicht zu waschen
zu beten
alle möwen des hafens durchstoßen mich

IV

deine alte lerchenstimme läßt
die möwen töten
die raketen sind dagegen
glänzende körper nur

du hast schon recht
hast ja nie gesehen
wenn eine rakete emporsteigt
fällt herab eine andere

du hättest keine zeit mehr
traurig zu sitzen und zu weinen
also laß die möwen in ruh

V

Laß du mich träumen
wie die Kinder träumen
ohne den Tod
die Angst
mit dem Rauch eines Schornsteines
die Freude

Laß mich daß ich über
deine Lippen spreche
mich über deinen Lippenstift freue

Laß mich erleben die Welt und die Liebe
beim Streicheln deiner Haare
Gönne mir das Lächeln der Mütter

Ich versprach der Geliebten

Ich versprach der Geliebten
wie die alten Meister die ich ehre
ein Gedicht zu schreiben für den Geburtstag

Ich kämmte deine Haare glühte
Ich kämmte deine Haare und vergaß daß
ich deine Haare kämmte
Wenn Gott es mir nicht gegönnt hat
wie kann ich dich besingen
wie kann ich mich über die Zeit freuen

Ich denke der Herbst täuscht
der Herbst ist ein Gauner
ein abtrünniger
weder Sommer noch Winter ist der Herbst
ein farbiger Märchen-Vogel

Deine Haare wie meine Jahre
gehören mir
gehören mir nicht

Irgendwo muß ich Seife kaufen
Zahnpasta den Duft den du magst
Das wünsche ich das ist mein Roß
das ist meine Pflicht den Duft
den du magst, aus Paris
Gedichte werde ich nie mehr schreiben
nie werde ich Wörter untereinander
wie die goldenen Stiegen reihen

Meine Zeilen werden auf der Wüste
eine Linie löschen. Keine Liebe
sondern ein gerader Fleck
Waagrecht. Gepriesen seien die Dichter
und ich kämme deine Haare
Ich werde dir ein schönes Buch schenken und
den Duft aus Paris nicht vergessen

Weder Christ noch Moslem
Weder Minne noch Ehe
vielsprachig doch stumm
wahrlich ich verlange viel
und tue nichts
wünsche nur Zierereien

Ich kämme deine Haare Elektrizität
eine leise Wissenschaft unschädlich
zwischen deinen Haaren
und der Nacht voller UFOs sie spähen
die reichen Erzquellen aus
die letzten Adern des Goldes und des Salzes

Waren sie UFOs waren sie es
Ich war es ich war es

Du teilst mein Leben

Du teilst mein Leben
im Café im kalten Auto
in der Dunkelheit der Straße
wo ich mich nie wohl fühlte
trotz der Menschen
die traurig und ehrlich aussahen

Du gibst mir deine Hand
einen Anfall von Freude
ein Zwielicht der Nacht und des Morgens
ich wende mich zur Nacht
ob ich dich zu spät gefunden

Du sprichst von der Zeit
die weder Lippen noch Tränen hat
doch sie weint

Wieviel Sommer habe ich gesehen
wieviel Sommer hast du gesehen
sind sie schöner gewesen
wenn du sie mit meiner Liebe vergleichst
meine Sommer sind vergangen
meine Liebe die währt weiter

Du kannst kommen ich bin allein zuhause

I

Hinfahrt zur Liebe was für eine Fahrt
Ich gebe Gas und singe dabei
Was ich singe verändert
die Berge an denen ich fahre

Mein Auto
ein Zusammenhang zwischen
dem Rückspiegel und dem Horizont

Ho sage ich meiner Nostalgie
die ich wie eine Peitsche verwende
Hinfahrt
ein Zusammenfließen
des Regens mit dem Asphalt

II

Den Osten haben wir
in zwei geteilt
Dem Westen haben wir
die Maulbeere bekannt gemacht
Zusammengeschmolzen und getrennt
Pfirsiche und Kürbiskerne

Das gleiche Fenster hat uns beiden
die gleichen Sterne gezeigt
Wie Muttermilch haben wir
die Nacht getrunken

III

Du sagtest etwas von Verzichten
Ich sah Berge die stürzten
Du sagtest von der Bestätigung
Willst du daß die Berge stürzen
fragte ich und eroberte zurück
alle Bruchsteine und zog meinen Fuß
von deiner Wärme

Du rufst mich nicht an

I

Du rufst mich nicht an
mir bleibt nur das Gedicht

Mein Gedicht bringt mich schnell
wohin ich will
auch zu dir
die leise spricht

Mein Gedicht kennt seit zehn Tagen
nur Schnelligkeit
küßt die Freundschaft deiner Brustwarzen
sucht warme Landschaften
an deinem Körper
für seine Zehe

Mein Gedicht riecht
wenn du schon lange weg bist
deinen Duft in meinen Armen
den Himmel voller Sterne vergißt es

Gerne bekehrt es sich
zur Gleichgültigkeit
und schläft ein

II

Kein Anruf von der Geliebten
Ich habe Sehnsucht nach ihr
was genügt einem der auf einer Bank
verlassen wurde

Vielleicht picken die Tauben
an seinem Haupt vielleicht
regnet es auf ihn
damit er nicht vergißt
ein Buch zu kaufen
seine Hose zu bügeln

Wer verläßt einen auf einer Bank
wenn er sich selbst nicht verläßt

BILD-GEDICHTBAND

NIKOLAUS WALTER / KUNDEYT ŞURDUM:

LANDLOS. TÜRKEN IN VORARLBERG
(1991)

Sie sollen warten, Sonne und Pflug.
Der da hockt, wartet auch,
draußen vor dem Tor.
Der da hockt, hockt mit der Hoffnung.

Die Sonne schlägt kalt Mittagspause.

Die Maschinen summen leise aus
kahlen Fenstern,
überall ein Gemurmel, liebe Kolleginnen
und
Kollegen.
Der da hockt, träumt von weißen Schafen,
auf einem fremden Stein.

Niemand fragte euch. Der Krieg
wurde gemacht, danach habt
ihr Elend erduldet,
Steine habt
ihr gehoben, aus zertrümmerten
Häusern –
jetzt heben wir sie euch.

Im ersten Jahr Gastarbeiter, im zweiten
Jahr Gastarbeiter,
im dritten Jahr Gastarbeiter,
mit schwarzem Schnurrbart,
Gastarbeiter,
mit gebücktem Rücken,
Gastarbeiter.

Ich bin dein Gewissen. Du kannst dein Wissen
prüfen an mir, deinen Glauben wiegen, ihn
umwenden und besitzen. Du kannst dich
erinnern.
Du warst wie ich.

Wir alle suchen dein Reich.

Osman geht an zwei Bäckereien
vorbei und kauft
in der dritten ein.
Bitte, was wünschen Sie, sagt die
Verkäuferin und lächelt dabei.

Osman geht an zwei Bäckereien
vorbei und kauft in der dritten ein,
obwohl er weiß, daß die Verkäuferin dieses
Lächeln für jeden Kunden hat. Oder ein ganz
besonderes Lächeln, das nur gelächelt wird, wenn er in den
Laden tritt?

Er lächelt zurück.

In diesem Fall kann man ohne
weiteres sagen:

Das gegenseitige Lächeln ist der Gruß
zweier Puppen
auf dem Dachboden.

Ab und zu
kommt zu mir
von deiner entblößten Brust
vom Weiß deiner Schenkel
eine Muttersprache
die umnebelt ist durch deine
Schönheit

Ich vergesse die Welt
die Heimatlosigkeit und die
Armut
träume nur
im Niemandsland der Liebe

Bild-Gedichtband

Er weiß, daß er einsam ist.
Daß
die hier schon immer gewohnt haben,
einsamer sind,
sieht er.

Schritt für Schritt Verbesserung,
sagten die Politiker und
blieben einen Schritt zurück,
vorsichtshalber. Und die neuen Politiker sagen
dasselbe.

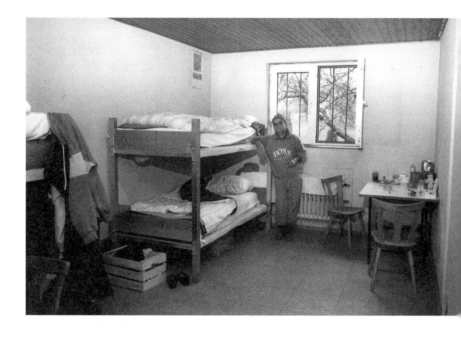

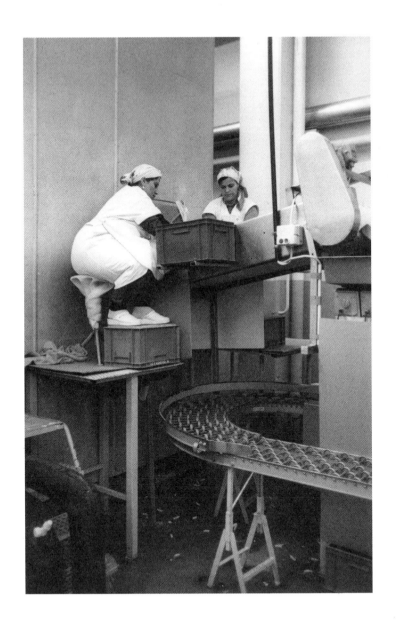

Bild-Gedichtband

Viele von meinen Bekannten sind als
Gastarbeiter in Pension gegangen. Unsere Töchter
und Söhne haben
geheiratet. Wir haben uns geändert, wir und ihr, ohne
es zu wissen. Ja, auch ihr,
und gut so.

Was sich nicht geändert hat, sind die
Gesetze und der Bedarf an
Arbeitskräften. Man holt und holt
Gastarbeiter, legal und illegal, mit
gleichen Gesetzen.

So ist das Thema ganz frisch, und die
Stimmung ist roh, wie vor
dreißig Jahren.

Habe ich mein Land verlassen, oder
hat es mich verlassen? Was ich dort
verloren habe, schmerzt mehr
als das Vorurteil hier.
Unsere Kinder werden mit der
Zeit verschont werden.

Bild-Gedichtband

Sie haben noch nicht verlernt,
die Bäume zu hören.

Bild-Gedichtband

Ich taste das Meer ab, erinnere mich an das
salzige, nach Jod riechende Wasser, berühre
den See.

Ich setze mich auf eine Bank, sehe über den
See, sehe das Meer.
Ich horche, höre Deutsch.
Ich glaube den Nebel von Istanbul zu sehen,
sehe den Nebel vom
Bodensee. Das Wasser ist überall
sonnenbespritzt. Der Staub ist überall.
Die Menschen, die vor mir wandern, unter-
scheiden sich von den Menschen in Istanbul
durch ihre Kleidung.
Ich niese dort und hier, wenn ich plötzlich in
die Sonne schaue.

Was erwartet man mehr von einem Strand.

Manche glauben, es muß Minirock
sein ohne Kopftuch.

Bild-Gedichtband

Ich kenne die Berge meines Vaters nicht,
auch die Lieder meiner Mutter sind
mir fremd.
Woher ich komme,
will man oft wissen.
Um sie nicht zu enttäuschen, nenne ich
das Land meines Vaters.

Bild-Gedichtband

Wenn ein Land keine Gastarbeiter braucht, dann holt
es sich keine her.
Wer Gastarbeiter holt,
soll sagen, daß er sie braucht.
Vorher.

Bild-Gedichtband

Bild-Gedichtband

Bild-Gedichtband

Die Dichter singen von der
Hoffnung,
wenig Salz des Meerwassers bleibt an meinen Haaren.

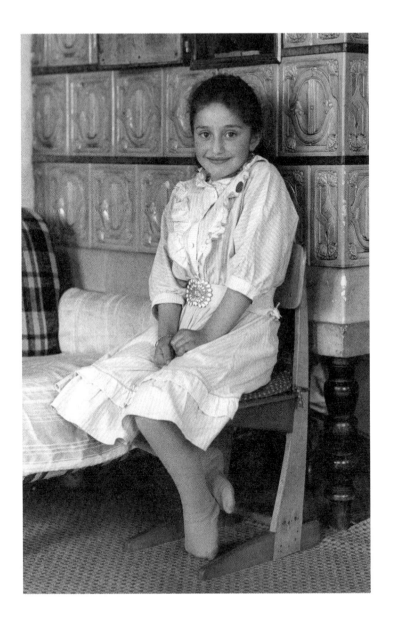

Bild-Gedichtband

Ihr habt ja auch vorher keine besseren Wohnungen gehabt. Ich höre diesen Satz seit zwanzig Jahren, manche hören ihn seit dreißig Jahren, man gewöhnt sich daran.

Wenn du eines Tages, mein Sohn, Bürger dieses Landes wirst, sag keinem, du hast es ja nicht besser gehabt in deiner Heimat.

Du kannst bei keinem wissen, was er nicht hatte, was er verlor.

Kennst du die vergilbten Lichtbilder, die alten
Häuser, vor denen nach
Feierabend mit geschlossenen Lippen,
schweigenden Händen, deine
Großeltern saßen,
Menschen in der
Dämmerung einer Hoffnung.

Dort wohne ich.

Bild-Gedichtband

Schiller, Hölderlin und Rilke: Gut.
Aber ich kenne Dichter, die leben,
Journalisten,
Politiker und Friseure.
Menschenrechte: Gut. Ich kenne Lehrer, die
kämpfen.
Ich kenne Arbeiter, die
meine
Sprache sprechen.
Was für Menschen!

Bild-Gedichtband

Die Hoffnung und die
Hoffnungslosigkeit, unser
Zustand.

Ich finde mich auf einem Platz. Plötzlich
sehe ich mich hundertfach.
Ich bin die Angst, die Eile. Ich bin der
Weber Veli, bin Yusuf, der Arbeitslose.
Aus einem Traum erwachen
wir hundertmal.
Bin ich Kerim –
oder seid ihr es?

Den Weg von der Ausweglosigkeit
zur Hoffnung gehen wir,
entlang der Langeweile
namens Kerim.

Ich weiß nicht, was sie über die Häuser denken, deren
Mauern aus Lehm, deren Dächer aus Schilf sind. Wenn
ich an sie denke, glaube ich ein leises Lied zu hören, eine
Gitarre in Spanien, im Spanien des
Federico Garcia Lorca, ich glaube,
eine Saz zu hören, eine Saz von Yunus Emre,
von Pir Sultan Abdal.

Die Häuser sind die Merkmale der
Zivilisation, sagt einer,
was sind dann diese Lieder.

Bild-Gedichtband

Die Träume vom besseren Leben
Die Träume vom besseren Leben vor dem Automaten
in den Fabrikshallen stehend und in der
Hand den lauwarmen
Kaffeebecher haltend

Als Sieger werden wir nicht zurückkehren, weil unser
Auszug ohnegleichen war.
Wir wollten in die Zukunft schauen und unser tägliches
Brot sehen, vom Weltgenuß war keine Rede. Natürlich
hegten wir den Wunsch, uns zu
verbessern, und darum suchten wir ein
unverbotenes Glück und wurden
Gastarbeiter.

Wer da spricht in der Fabrik –

Es schaute, um besser zu hören,
ein Satz nur:
Ich hatte einen Hahn.

Sein Landsmann war zu weit entfernt.
Ich höre dich nicht, sagte er,
was du sagst, höre ich nicht.

Er aber sprach weiter und hörte die
Hähne auf den Lehmmauern.

Wer da spricht,
erinnert sich nur.

Seit einigen Jahren habe ich die
Gewohnheit, jeden Tag Zeitungsberichte
über Morde, über Diebstähle zu lesen. Und
jedesmal habe ich Angst, einen
ausländischen Namen zu finden.
Mein Zustand ist der eines Menschen, der
stets seine Unschuld beweisen muß.
Deshalb trage ich die
statistische Auswertung der
Sicherheitsdircktion bei mir. Sie enthält einen
beruhigenden Satz: »Grundsätzlich sind die
im Lande lebenden Gastarbeiter seit Jahren
in der Kriminalstatistik im Verhältnis zur einheimischen Bevölkerung unterrepräsentiert.«

Bild-Gedichtband

Bild-Gedichtband

Manche Menschen sehen immer noch
Gespenster aus
Geschichtsbüchern aufsteigen.

Bild-Gedichtband

Die Rheintalautobahn war da,
bevor du auf die Welt kamst. Ich
war da. Beim Bau des Kranken-
hauses, in dem du
zum ersten Mal schriest, habe ich
gearbeitet.

Seit dem ersten Tag zahle ich
Steuern. Ich meine nur ...

VERSTREUTE GEDICHTE

BODENSEEHEFTE (1983)

Junitag

Die Frau des Gutsherrn
der sieben Dörfer hat
wacht auf.
Es wachen auf
Wasserkrüge, Milchkannen
ein langer Junitag.
In die Küche gekrochen
an das Küchenfeuer
zieht es das Hufeisen des Ineinanderwohnens.
An der Schürze
die saubere Dünung.
Hinab und hinauf
stets unten
in der Dämmerung der Großmutter.

Tage deren Schrift
Schmerz
deren Hoffnung
eine gelbe Kuh ist
ergeben sich
Tage die das Ziegenhaar der Geduld
der dürre Rücken der Wiederholung sind
werden vom Traum gerissen.

Der Traum frißt die Berge
Das Wort frißt die Stimmen
Es liegen zerstreut
Dörfer
Pfotenspuren wilder Tiere

Die falsche Vereinigung

Was dich streichelt
vor dem Morgenaufbruch
ist nicht der Wunsch
zum Miteinander
Der Nebel will nur weggeblasen sein

Wer gebiert die Hände und den Fuß
in dieser Kleinstadt
die billig kauft und teuer verkauft
Alles dauert zu lange hier
die Stille zu lange
das Einatmen des Verstehens zu lange
Endlich wird das Gesicht sichtbar
die angenommene Winterlandschaft
der Trauer

Kein Traum von einem anderen Leben
diese Früchte anderer Länder
Man ißt sie nur
Das Licht ist selbstverständlich
Das Wort auf allen Landkarten

Der Sonnenaufgang
nach einer Nacht die
die Kinder zu Erwachsenen
die den Traum zum Wein reifen läßt
löscht nicht die Spuren
Sie werden nur schwächer
Was soll man von einer Nacht bewahren
Die Liebe will bestätigt sein
und hat Angst
vor jedem Beweis

Du kommst nicht
ich schreie Sätze
du kommst nicht
ich denke
Inmitten meines Zornes
kommen die anderen und
schleppen mich
um die Welt zu verbessern

An der Wand hängen keine Ketten
kein Blasebalg in der Mitte
keine Zangen
nur ein Stuhl
ein blaues und ein rotes Kabel
und Steckdosen

Wer hier schreit
sieht eine nackte Frau
umschlungen von einer Schlange
die bist du nicht

Ich sitze da und schreie

Es wurde Frühling
Dein Vertrauen kann wachsen
im Namen des Regens und der Peitsche
Die Stäbe lösen die Hände des Himmels
Wie Handschellen fallen die
ersten Lichter
Es ist Frühling

Die Berge ohne Bäume denken
Der alte Bach denkt auch
Das Warten macht alles zu dem,
was es war
Es war Frühling

Die Berge blieben kahl
nur namenlose kleine Wasserfälle
tauchten auf und verschwanden
Wie stolz sind doch die Blumen und das Gras
Es ist Frühling

Ich strecke mich auf dem blanken Boden
und zeige dem Licht meine Hände
mein Vertrauen kann
vielleicht überdauern
wenn es mir noch wärmer wird
auch den nächsten Frühling

HÖRSPIELE

DER LANGE SONNTAG OSMANS

(1982)

PERSONEN:

Osman
Bekir
eine Frau
ein Mädchen
Übersetzer

NICHT DAS MEER SUCHEN

Das Suchen, die Arme hochstreckend
hob sich
aus dem Tau
faßte den Himmel, zerrte an ihm
Sei dir bewußt
suche den Grund nicht
Freue dich an der Schattenburg
in einer Stadt des Oktobers
grün
weiß
blau namens Feldkirch.
Nicht das Meer suchend.
Eine Wüste habe ich hierher geschleppt
eine nackte, die gerne ihren unsichtbaren Schatten herbeiführt
und einer Möwe
den Ort verlieh
zum Sterben
Eine Möwe, nichts als
eine Möwe, die das Weite gelernt hat
den Weg fernab
Nein nicht das Meer
suchend, eine Schale nur
die glänzt, allein
als wäre sie wahr
Die Stunden des Vollmondes
stoßen die Schreie aus
Ich kenne den Namen der Liebe nicht im Schatten des Gebälks,
das zersprang.
Obwohl ich dem Unsinn einen Namen gebe
geht trotzdem die Sonne auf
ein Mann an der Theke trinkt seinen Wein
und streichelt das Meer
mit Sandkörnern wetteifernd
so schön und ohne Sinn

Das möchte ich
eine Lanzendrohung mit den Wörtern
Ich vermag nur den Schmerz an den Knochen zu fühlen
nicht aber den Geschmack der Sandkörner an meinen Lippen
zum zweiten Mal zu erleben
noch ein einziges Mal
Haut an Haut mit dem Sinn und der Klarheit zu leben
ist beängstigend
Ich darf doch nicht schweigen

1. SZENE:

(Im Raum: behutsame Schritte, Murmeln und leise durch die Zähne Pfeifen; Tassen und Teller werden aufgedeckt. – Von draußen durch ein geschlossenes Fenster: Motorlärm, Gas heult ab und zu auf, Stimmen, Autos werden repariert.
Der Text wird türkisch gesprochen, es kann dabei ruhig mehr geredet werden. Ein Übersetzer spricht mit leiser, naher Stimme das Gesagte nach)
ÜBERSETZER *(Bekir, verschlafen)* Was für ein Lärm das ist! So früh! Bist du schon wach?

(Osman) Ich war ganz leise. Der Lärm von den Autos dort unten hat dich wachgemacht. Die reparieren wieder. Jeden Sonntag das gleiche. Komm, steh auf! Sag den Leuten, daß sie aufhören sollen. Ich koche inzwischen Tee für uns.

(Bekir gähnend) Ich hab wenig geschlafen.

(Osman) Wenn du die ganze Nacht im Tanzlokal bist und so spät nach Hause kommst, darfst du nicht jammern.

(Bekir) Wenn ich die ganze Woche schwer arbeite, dann will ich am Samstag ausgehen.

(Fenster wird geöffnet. Lärm von draußen lauter. Bekir atmet, ganz nah)
ÜBERSETZER *(Bekir)* Schönes Wetter, aber kalt!

(Gas heult auf)
ÜBERSETZER *(Bekir)* Verbraucht den ganzen Benzin bei der Reparatur.

(Osman, von hinten) Der soll aufhören! Schimpf vom Fenster aus! Nein, laß das Fenster ruhig auf. Dann wird wenigstens unser Zimmer gelüftet.

Ich koch Tee.

(Bekir) Warum soll ich denn schimpfen? Ich bin überhaupt nicht böse.

(Osman) Ich denk, der Lärm hat dich aufgeweckt?

(Bekir) Wann sollen die denn ihre Autos reparieren, wenn nicht am Sonntag? Es ist ja auch schon zehn Uhr.

(Fenster wird geschlossen. Man hört jetzt dieselben Geräusche wie zu Anfang der Szene. Die Szene wird wiederholt, diesmal werden Osman und Bekir gespielt.)

BEKIR *(verschlafen)* Was ist das für ein Lärm! So früh! Bist du schon wach?

OSMAN Ich war ganz leise. Der Lärm von den Autos dort unten hat dich aufgeweckt. Das geht schon seit zwei Stunden so. Die reparieren ihre Wagen. Jeden Sonntag das gleiche. Komm, steh auf! Sag denen, sie sollen aufhören oder irgendwo anders hingehen.

BEKIR *(gähnend)* Ja, ja, gleich ...

OSMAN Komm schon, ich koch inzwischen Tee ...

BEKIR Ich hab wenig geschlafen. Nur noch eine halbe Stunde ...

OSMAN Wenn du die ganze Nacht in einem Tanzlokal bist und dann spät nach Hause kommst, dann brauchst du dich nicht zu wundern, wenn du kaum aus den Augen schauen kannst.

BEKIR Die ganze Woche arbeite ich schwer, dann werd ich am Samstag wohl noch ausgehen dürfen. Aber laß gut sein, Onkel Osman, ich steh ja schon auf.

(Fenster wird geöffnet. Lärm von draußen lauter. Bekir ganz nah)

BEKIR Da! Alles blau. Das schönste Wetter. Aber kalt!

(Gas heult auf)

BEKIR Verbraucht seinen ganzen Benzin beim Reparieren.

OSMAN *(von hinten)* Der soll aufhören. Das hält man ja nicht aus! Ruf zum Fenster hinaus. Na los! Schimpf sie aus! Nein, laß das Fenster ruhig offen. Die sollen aufhören, nicht wir das Fenster zumachen. Wir müssen lüften. Komm, schimpf! Ich koch Tee.

BEKIR   Warum soll ich denn schimpfen? Ich bin ja gar nicht böse.

OSMAN   Ich denk, der Lärm hat dich aufgeweckt ...

(Szene wird allmählich ausgeblendet, geht über in Musik)

TRENNUNG

Ich will nicht, daß Mutter mich weckt
Wenn ich schlafe auf dem Sofa
In meinen Fäusten die Kühle der Pflaumen
Ich weiß wohl, wenn ich aufwache
Wird mein Vater nach Deutschland fahren
Ich will nicht, daß Mutter mich ruft
Wenn ich spiele unterm Pflaumenbaum
Ich weiß wohl, wenn ich aufhöre zu spielen
Werde ich nach Deutschland fahren
Deutschland Deutschland Wiegenlied
Deutschland Deutschland Tränenlied

2. SZENE:

(Osman nah, liest Zeitung, Bekir spült das Geschirr ab)

OSMAN   Weißt du, was »rigoros« heißt?

BEKIR   Wieso ... was?

OSMAN   Rigoros. Was das bedeutet!

BEKIR   Woher soll ich das wissen!

OSMAN   Das ist ein Fremdwort. In der deutschen Sprache ist das ein Fremdwort.

BEKIR   Und für mich ist Deutsch eine Fremdsprache, jedes Wort ein Fremdwort.

OSMAN   Mit deiner Maria kannst du wie ein Papagei reden.

BEKIR   *(lacht)*   Wie ein deutscher Papagei.

OSMAN   In der Zeitung steht auch deutsch.

BEKIR   Das ist Schriftdeutsch.

OSMAN   Und was ist das andere? Reddeutsch ... oder wie nennst du das?

BEKIR   Ich kann die Sprache, die man hier spricht. Das genügt mir.

OSMAN   Das genügt dir, weil du nicht liest. Du liest auch in unserer Sprache nichts. Du solltest viel lesen.

BEKIR   Laß mich in Ruhe.

(Pause)

BEKIR   Erinnerst du dich noch daran, als ihr hergekommen seid? In dem Jahr hab ich die Lehre gemacht. Weißt du noch, wie man euch empfangen hat?

OSMAN   Mit Pauken und Trompeten. Saubere Quartiere. Freundliche Gesichter. Überall der Geruch von Desinfektionsmittel. Müde waren wir. Drei Nächte in einem Zug, da fällst du um. Die Blaskapelle am Bahnhof hat uns geweckt. Musik und Ansprache. »Durch geschickte Gastarbeiterpolitik ist es uns gelungen, sechshundert neue Gastarbeiter aufzunehmen.« Und wir: müd wie die kleinen Kinder und die Türkei ein paar hundert Mal weiter als der Horizont. – Heute im Rundfunk ... hast es ja gehört ... wieder eine Ansprache, derselbe Mann vom selben Arbeitsamt, derselbe Tonfall: »Durch geschickte Gastarbeiterpolitik ist es uns gelungen, die Gastarbeiterzahl im Land neuerlich zu reduzieren.«

(Lange Pause)

OSMAN   Das ist dann politische Taktik. Oder? Bekir! Das ist es doch!

BEKIR *(kleinlaut)*   Aber uns geht es ja ganz gut, wir werden nicht abgeschoben.

OSMAN   Stell dich nicht so dumm, Bekir! Wie ein dummes Kind mit dem Löffel in der Hand!

BEKIR *(aufbrausend)*   Und du, Onkel Osman! Redest Wörter daher! Weißt du, was »reduzieren« heißt? Liest Zeitung! Weißt alles! Machst einem Angst! Oder: Was heißt politische Taktik! Nützt es etwas, wenn man weiß, was die Worte bedeuten?

OSMAN *(scharf)*   Ich hab nur laut gedacht! Das darf ich!

3. SZENE:

(Bekir; sein Text wird in Türkisch gesprochen. Nach einer Weile spricht der Übersetzer darüber)
ÜBERSETZER Sie wollen uns loswerden. Ich hab ein schlechtes Gefühl. Ich war zehn Jahre alt, als ich mit meinen Eltern hierher kam. Jetzt bin ich zwanzig. Die Hälfte meines Lebens hab ich hier verbracht. Und das ist die Hälfte, an die ich mich besser erinnern kann. Wenn mir auf einmal einer sagt, geh nach Hause ... ich weiß nicht, was ... Ich kenn ja Onkel Osmans Reden: Niemand wird dich wegjagen, du bist jung, unverheiratet, hast keine Kinder, bist eine angenehme Arbeitskraft ... Ich weiß ja, man braucht uns immer noch. Kann man ja lesen. So gut Deutsch lesen kann ich. Aber sicher ist man nicht. Man sagt, daß viele Maschinen ohne Gastarbeiter stillstehen würden, daß der Müll auf den Straßen ... und so weiter ... trotzdem ... Wenn einer auf einmal sagt: Jetzt kannst du gehen! Hau ab! Onkel Osman sagt: Wenn wir gehen, gehen auch unsere Dolmetscher, Berater, Gasthausbesitzer. Wenn wir gehen, schließen unsere Banken. Denk an die Leute, die durch unser Geld verdienen, sagt Onkel Osman; die Händler, Metzger, was würden sie ohne uns tun! Onkel Osman will mich trösten. Erst macht er mir Angst, dann will er mich trösten. Unsere Dolmetscher, unsere Steuerberater, alle, die von uns leben, die Exportleute, die sollen Angst haben! Wir sind Arbeiter, wir können überall arbeiten. Sagt Onkel Osman. – Aber er weiß ja selbst, wie schlecht es wäre, wenn er auf einmal zurück müßte. Wie würde er dann die Raten seiner Wohnung zahlen! Ich möchte dann nicht an seiner Stelle sein. Ich habe keine Wohnung zu zahlen, keine Kinder zu ernähren. Meine Eltern haben hier acht Jahre gearbeitet. Unser altes Haus haben sie abreißen und neu aufbauen lassen. Sie sind auf mein Geld nicht angewiesen. – Wenn man mich wegschickt ... was soll ich sagen ... Herr Gott! Ich habe mich an dieses Land gewöhnt. – Ich habe Freunde hier!

(kurze Musikbrücke)
(Osman, gespielt von dem deutschen Schauspieler, ohne daß im Hintergrund türkisch gesprochen wird)

FRAU   Sorgfältig hast du deine Schuhe gefärbt
    mit der Farbe des Frohsinns
    Deine Mütze aufgesetzt
    zwischen den Zähnen einen Weizenhalm
    ein Lied des Lebenmüssens
    Mit ein Paar Oliven hast du dich
    auf den Weg begeben
    Plötzlich findest du dich
    auf einem Platz und
    siehst dich hundertfach
    Du bist die Angst die Eile
    Du bist der Weber Weli
    Du bist Ali der Arbeitslose
    Aus einem einzigen Traum erwacht ihr
    hundertmal und wer sind wir
    die Alleingebliebenen
    Den Weg von der Ausweglosigkeit
    zur Hoffnung geht ihr
    entlang der Langeweile
    Das ist kein anderes Land
    nur die Namen wechseln
    das ist keine andere Stadt
    nur die Namen wechseln
    Dein Bart wird weißer
    bist du zufrieden
    Bist du ein Träumer oder
    ein Flüchtling
    unter dem Kennwort ewig

OSMAN   Was für Freunde denn? Bei wem wohnst du denn? Bei
    mir! Warum wohnst du nicht mit einem Freund zusammen!
    Mit einem Freund, der kein Türke ist, der von hier stammt?
    Weißt du jetzt nichts zu sagen? Weil die Freunde bei ihren
    Eltern wohnen oder bei ihren Freundinnen? Nur deshalb
    wohnst du mit deinem Onkel zusammen? Nur deshalb, Bekir?
    Warum wohnst du nicht mit deiner Freundin zusammen?
(Musik)

4. SZENE:

(Musik unter der Szene weiter, als ob sie aus dem Radio kommt)

BEKIR   Weißt du, was mit Kaya ist?

OSMAN   Was ist mit Kaya?

BEKIR   Arbeitsunfall. Er hat seine Hand zerquetscht.

OSMAN *(betroffen)*   Was du nicht sagst! Wie ist das passiert?

BEKIR   Selber schuld. Er wollte dem neuen Meister zeigen, wie
    schnell er ist.

OSMAN *(aufgeregt)*   Mensch, mach das Radio aus! Genau will ich
    es wissen!

BEKIR *(schaltet das Radio ab)*   Angeben wollt er!

Ich arbeite für zwei Länder
sagt Memet
Der Mensch hat auch zwei Hände
sagt Ahmet
Richtig
sagt Memet
Klar
sagt Ahmet
Erledigt ist die Geschichte
Und
dort hinter den Bergen, wo
der arbeitslose Neffe hockt
welche Weisheit hättest du

5. SZENE:

BEKIR   Unser Hausherr hat ihn ins Krankenhaus gefahren. Von sich aus. Ohne ein Wort. Der ist schon in Ordnung.

OSMAN   Das sag ich ja: Der braucht uns. Mindestens so sehr, wie wir ihn brauchen.

BEKIR   Er versteht, was wir reden. Er dolmetscht für unsere Freunde, die nicht deutsch können. Stell dir vor, wenn wir nicht deutsch könnten und einen Dolmetscher bräuchten! Die verlangen einen Haufen Geld für ein paar Worte. Unser Hausherr ist ein prima Kerl. Da laß ich nichts darüberkommen.

OSMAN   Ich wär auch ein prima Kerl, wenn ich für jedes Bett 1.000 Schilling bekäme.

BEKIR   Jetzt nörgelt er schon wieder! Sei doch nicht undankbar! Gibt es billigere Quartiere? Sind 1.000 Schilling nicht ortsüblich!

OSMAN   Was verstehst du unter ortsüblich? Hast du nicht erzählt, Maria zahlt dasselbe?

BEKIR   Sag ich doch. Ortsüblich.

OSMAN   Ja, aber Maria hat ein eigenes Zimmer, sogar mit Bad.

BEKIR   Ja und?

OSMAN   Und warum denkst du?

BEKIR   Weil sie Österreicherin ist.

OSMAN   Weil sie eine schöne Frau ist. Darum.

BEKIR   Also jetzt ... das will ich dann überhört haben!

OSMAN   Was regst du dich denn auf! Ist sie deine Frau?

BEKIR   Ich geh mit ihr. Sie ist meine ...

OSMAN   Geliebte?

BEKIR   Von mir aus, wenn du es so nennst.

OSMAN   Und warum glaubst du, daß sie deine Geliebte ist? Weil sie mit dir spricht? Hast du sie geküßt?

BEKIR   Nein, hab ich nicht, aber ...

OSMAN   Nicht einmal geküßt hast du sie!

BEKIR   Das kommt schon noch. Da kannst du dich drauf verlassen. Und dann ... vielleicht ziehen wir auch zusammen ... das kann man nicht wissen.

OSMAN   Was redest du dir denn ein! Nichts wird kommen, wenn
du so lange wartest! Wir leben im 20. Jahrhundert! Und zwar in
Europa! Geh hin, sag ihr, was du willst, fertig.

BEKIR   Was soll das schon wieder heißen!

OSMAN   Verstehst du das nicht? Was denkst du denn, worauf
deine Maria wartet?

BEKIR   Du ziehst mich auf.

OSMAN   Ich zieh dich ehrlich nicht auf.

BEKIR   Und wenn sie nein sagt?

OSMAN   Dann gehst du zu einer anderen.

(Musik)

6. SZENE:

*(Im Hintergrund die türkische Stimme von Osman, lesend und zwar
über die ganze Szene hinweg. Darüber die deutschen Stimmen von Osman und der Frau)*

OSMAN   Meine liebe Frau, mein Tageslicht, die Freude meines
Lebens. Heute ist Sonntag. Diese Trennung ist nicht ewig. Wir
müssen für unsere Zukunft, für die Zukunft unserer Kinder
sorgen. Wie kann ich dich vergessen, wie könnte ich das! Wenn
du da wärst, würde ich ein menschenwürdigeres Leben führen –
mit dir, mit meinen Kindern. Ihr seid dort, ich bin hier.

FRAU   Könnte es nicht anders sein? Muß es sein? Manchmal
vergesse ich das Essen auf dem Feuer. Manchmal bleibe ich
mitten auf der Straße stehen. Ich weiß nicht, wie lange noch
diese Trennung dauern wird. Deine Briefe sind voll mit Bergen
und Kälte. Ich möchte dir ein wenig Wärme schicken, das
Geräusch der Wellen, das du magst, den Geschmack des Brotes,
das du in der Kindheit gegessen hast. Was ich aber schreibe, ist
nur meine Einsamkeit.

OSMAN   Bekir, mit dem ich zusammenwohne, weder Türke noch
Österreicher, weiß nicht, wohin er gehört. Ich habe ihm Bücher
gegeben, aber er versteht nicht alles. Deutsche Bücher liest er

auch nicht. Ich möchte ihm helfen. Aber nach der Arbeit ist man müde. Wegen der Langeweile streiten wir oft. Aber er ist ein guter Mensch. Er nennt mich Onkel. Er liebt ein österreichisches Mädchen.

Frau: Ich hasse das Land, das Gastarbeiter schickt. Ich hasse das Land, das dich als Arbeitskraft aufgenommen hat. Dort und hier, ja, dort und hier gibt es etwas, was die Menschen unglücklich macht. Du warst ein kleiner Dorfschullehrer, wolltest die Welt verändern. Was ist daraus geworden? Du hast sogar das Dorf, in dem wir leben, nicht verändern können. Die Eltern deiner lieben Schüler haben dich verjagt. Du hast deinen Beruf verloren. Manchmal hasse ich auch die Bücher, die du gelesen hast. Gibt es auch dort, wo du jetzt lebst, Leute, die Bücher verstecken? Gibt es auch dort Leute, die nach Büchern suchen im Keller, auf dem Dachboden? Nichts ist zu fürchten, sagt man hier. Dein Name steht auf keiner Fahndungsliste. Es gibt keine Akte über dich. Du kannst sogar wieder im Schuldienst arbeiten. Komm zurück, bitte!

(Musik)

7. SZENE:

(Aggressive Stimmung)

BEKIR   Dein Gedanke dein, mein Gedanke mein.

OSMAN   Du redest vom Denken, gerade du.

BEKIR   Dein Gedanke dein, mein Gedanke mein.

OSMAN   In welcher Sprache denkst du, in türkisch oder in deutsch, he?

BEKIR   Dein Gedanke ...

OSMAN   Ich rede mit dir, also hör gefälligst mit dem Mein-Gedanke-dein-Gedanke auf!

BEKIR *(pfeift)*

OSMAN   Glaubst du, du kannst denken ohne Sprache, ohne Lesen, ohne Schule?

BEKIR   Was ist mit dir? Bist du besser als ich? Du bist ein
Feigling, ein Angsthase. Du redest nur von Büchern. Bücher
hast du gelesen! Was ist das schon! In der Fabrik hältst du den
Mund. Da hört von Osman keiner ein Wort. Stell dir vor, der
Betriebsrat kommt in unsere Wohnung und hört, was du da
redest ... es wird ja einen vom Betriebsrat geben, der türkisch
kann ... dann kannst du schauen, was dir passiert. Daheim den
großen Mund und in der Fabrik – ... ein Feigling, ein Angsthase.

(Stuhlrücken, Osman springt auf)

OSMAN   Ich werd dir geben ... wer da ein Angsthase ist ... Ich kann
mit zwei Burschen wie dir ... noch bin ich nicht gestorben ...

BEKIR   Halt, halt, Onkel Osman. Was du da machst, ist gefährlich. Wenn wir uns streiten, kommen wir ins Krankenhaus und
die Kassa zahlt nicht. Man wird uns verhören, das kostet Geld...
(sie haben sich beruhigt) Wir werden entlassen und in drei Tagen
ab in die Türkei.

OSMAN   Ich wollte dich doch nicht schlagen, Bekir, Junge.

BEKIR   Die Pfanne hältst du aber ziemlich fest in der Hand.

OSMAN   Das ist der Schnaps, ja, der Schnaps.

BEKIR   Komm Onkel Osman, versöhnen wir uns. Onkel Osman,
gib mir die Hand.

OSMAN   Ich habe doch nur Spaß gemacht.

BEKIR   Ja, ja, leg dich ein wenig hin. Ich mach Kaffee. *(hantiert)*
He, Onkel Osman, der Kaffee wird prima. Wo ist der Zucker?

OSMAN *(leise zu sich)*   Zucker und Milch ...

BEKIR   He, Onkel Osman, wolltest du mir wirklich mit der
Pfanne auf den Kopf schlagen?

OSMAN   Natürlich nicht.

BEKIR   Nein, nein, du hättest fast geschlagen.

(Musik)

kinder vergessen schnell
deshalb sei nicht traurig
wenn sie dich nicht wiedererkennen
siehst du zurück
über dem Sakarya-fluß ziehen reife wolken vorbei
dort am ufer auf den steinen rings spielen kinder
wenn sie nicht sterben an masern an
träumerischer unterernährung
findest du sie wieder unter der holzbirne
wenn du auf urlaub gehst
mit tonband und kofferradio
bringst du ihnen sicher
eine blauäugige puppe

komm über die trockenen fugen komm bepackt mit geschenken
geschmuggelt an zahlreichen grenzen komm an fahnen vorbei
komm bald denn die kinder sterben schnell

8. Szene:

(Gemütliche Stimmung, leise Musik im Hintergrund, sie trinken Kaffee)
Bekir   Vielleicht hast du recht ...
Osman   Komm, ich zeig dir etwas. Hier am Schädel.
Bekir   Was ist das?
Osman   Kannst du die Narbe sehen, rechts vom Wirbel?
Bekir   Wie ist das passiert?
Osman   Erinnerst du dich an die Miniröcke?
Bekir   Kaum, ich war noch zu klein ... *(lacht)* ... Jetzt gibt's
   wieder welche.
Osman   Ja?
Bekir   Klar.
Osman   Ich hab damals in Istanbul gearbeitet als Tiefbauarbeiter.
*(Unter der Erzählung wird der türkische Text aufgezogen, der deutsche
weg, dann der deutsche wieder auf und der türkische weg)*

OSMAN   Mitten in der Perastraße haben wir einen Kanal
        gegraben. Wir sind schon früh am Morgen dagewesen und
        haben angefangen. Aber als die Sonne kam, hat sich die Straße
        belebt. Wir haben zu dritt in der Grube gearbeitet. Da habe ich
        auf einmal über mir junge Mädchenbeine gesehen, stramme
        Frauenbeine. Du kannst dir das nicht vorstellen, wie lang die
        von unten ausgesehen haben. Der jüngste von uns, ein kräftiger
        Schäfer aus Mittelanatolien, wollte zuerst nicht schauen. Dann
        hat er es aber doch nicht mehr ausgehalten und hat sich auf die
        Schaufel gelehnt und hat hinaufgeschaut. Ich glaub, er wollte
        einfach nur ausruhen. Ich hab weitergearbeitet und dabei einen
        erfundenen Text gesungen. Ich geb zu, es war Absicht. Klar.
        (lacht) (singt) Lange Beine, heiße Sonne, heiße Sonne, lange
        Beine, lange, lange Beine, heiße, heiße Sonne. Da hab ich auf
        einmal einen Schrei gehört und als ich hinaufschau, seh ich
        einen Kerl und der hat unserem Schäfer die Schaufel mitten ins
        Gesicht gehauen und bevor ich richtig habe denken können,
        krieg ich die Schaufel auf den Schädel. Das ist die Geschichte
        der Narbe auf meinem Schädel.
(Musik)

9. SZENE:

(Brief der Frau)
FRAU   Ich soll dir von Veli Ümit ausrichten: Er fragt nach euren
        Träumen. Du hättest ihm gesagt, wenn du dort arbeitest,
        würdest du schauen, daß er nachkommen kann. Ob das Geld
        die Freundschaft vergessen läßt. Wieso soll Veli Ümit nachkom-
        men? – Mein lieber Mann, manchmal habe ich den Wunsch zu
        schreien und dann schrei ich. Ich schreie vor dem Spiegel, ich
        schrei und steck den Kopf in das Kissen. Manchmal stehe ich
        am Fenster und drücke meine Stirn an die Scheibe und schau
        neidisch auf die Straße, wo die Männer nach der Arbeit nach
        Hause gehen, wo die Kinder ihren Vätern entgegenlaufen, wo

die Frauen ihren Männern die Tür öffnen. Du bist nicht dabei. – Vor einer Woche hat eine Familie die Wohnung unter uns verkauft. Sie arbeiten in Deutschland seit zehn Jahren. Ich hab mit der Frau gesprochen. Sie weiß nicht einmal, wann sie zurückkommen werden. Ich habe Angst, daß es mit dir genauso ist, daß du nicht weißt, wann du zurückkommst. Bei ihnen sind wenigstens Eltern und Kinder zusammen. Bei uns ... wir sind getrennt. Wir sind allein. Ich hätte dich nicht gehen lassen sollen. Wir können auch nicht zu dir kommen, die Schule, deine Mutter. Mutter war krank. Das habe ich dir nicht geschrieben. Jetzt ist sie wieder gesund. Mach dir keine Sorgen. Nur die Nächte, die wollen nicht enden. Eine Wohnung, ein großer Eßtisch, Wohnzimmermöbel, ein Farbfernseher – dafür leben wir. Das ist alles, wofür wir leben. Was ist dann diese Trennung? Das Warten ist schlimmer als der Tod, Osman.

10. Szene:

BEKIR   Es schneit.

OSMAN   Weißt du, was ich an deiner Stelle tun würde?

BEKIR   Ja, was würdest du tun?

OSMAN   Ein Übersetzungsbüro eröffnen.

BEKIR   Gerade ich.

OSMAN   Klar, warum denn nicht.

BEKIR   Weil man dazu zum Beispiel ein Gewerbe haben muß.

OSMAN   Das würdest du sofort bekommen. Man hat schon Leuten ein Gewerbe gegeben, die viel schlechter deutsch können als du und nicht einmal türkisch schreiben können.

BEKIR   Geschäftsleute eben.

OSMAN   Kennst du die Dolmetscher nicht, die ohne Deutschkenntnisse in einer Fahrschule arbeiten?

BEKIR   Wie übersetzen die dann?

OSMAN   Was heißt übersetzen! Sie halten Unterricht mit ihrem halben Türkisch.

BEKIR   Aber das ist doch verboten! Nur geprüfte Fahrlehrer
    dürfen Unterricht halten.

OSMAN   Rede doch nicht so, als ob du von allem keine Ahnung
    hättest.

BEKIR   Und wenn sie die Polizei erwischt?

OSMAN   Hat die Polizei bisher einen erwischt? Die Polizei
    braucht Beweise. Zum Beispiel, wenn du keine Wohnung hast,
    dann ist es ein Delikt. Dann kann dir die Polizei eine Frist
    vorschreiben. Wenn du in dieser Zeit keine Wohnung gefunden
    hast, siehst du dich außerhalb der Grenze, abgeschoben, klar?
    Nein, nein, Dolmetscher sollte man sein. Oder noch besser –
    ein Gasthaus eröffnen, wo gespielt wird. Eines der bekannten
    sogenannten Spielcasinos. Das wär's.

BEKIR   Soll ich ein Spielcasino leiten? Oder warum redest du so.
    Willst du mich ärgern! An anderen Tagen predigst du, daß es
    verboten ist, diese Art von Spielgasthöfen zu leiten.

OSMAN   Natürlich ist es verboten. Aber es ist halt üblich, daß
    man spielt. Das ist der Hauptgewinn für den, der das Gasthaus
    leitet. In türkischen Gasthöfen ist das eben so üblich.

BEKIR   Aber das muß die Polizei doch wissen.

OSMAN   Es gibt Anzeigen, unterschrieben von Frauen, deren
    Männer große Summen beim Spielen verloren haben. Die
    Gelder, die ihre Frauen und Töchter verdienen, verspielen sie.

BEKIR   Die Polizei könnte doch etwas unternehmen!

OSMAN   Wir haben schon gesagt, die Polizei braucht Beweise.
    Außerdem denkt man vielleicht auch an die Menschen, die ein
    Lokal haben müssen, um zusammen zu sein. Darum drückt man
    ein Auge zu. Man denkt: Anderes Land, andere Sitten. Kennst du
    den Spruch nicht? Hat ihn deine Maria noch nicht gesagt? Nein?

BEKIR   Laß die Maria in Ruhe.

OSMAN   Entschuldige.

BEKIR   Wie kannst du nach all dem sagen, es wäre gut, ein
    Spielgasthaus zu leiten!

OSMAN   Weil ich gerne einen Mercedes fahren würde. Darum.
    Wär das nicht wunderbar – ein Mercedes! Jeder schaut, daß er

hat, was er hat, wenn er zurückkommt. Ein Mercedes, ah, ein
Mercedes! Weißt du, warum ich drei Jahre lang nicht in die
Türkei gefahren bin? Als ich vor drei Jahren in die Türkei
gefahren bin, bin ich mit dem Omnibus angekommen. Was
glaubst du, was sie hinter meinem Rücken gesagt haben?
Versager, ja, Versager. Weil ich kein Auto hatte. Darum kauft
man auch den ältesten Karren und repariert ihn – am Sonntag.

BEKIR   Glauben die dort, daß man hier das Geld auf der Straße
zusammenlesen kann? Daß man darüberstolpert?

OSMAN   Das Geld fällt vom Himmel, glaubt man.

(Musik)

11. SZENE:

BEKIR   Es schneit wieder.

OSMAN   Natürlich schneit es. Hier schneit es im Winter und
regnet im Sommer.

BEKIR   Aber der Herbst ist schön, der Herbst ist schön.

OSMAN   Der liegt dazwischen ... Ja, ja, du hast schon recht ...

(Pause)

BEKIR   Zeig her! Ist das deine Tochter? Ein schönes Bild. Da sieht
man den Sommer ... Die Sonne ... Wie alt ist deine Tochter?

OSMAN   Als ich zu Hause im Zimmer gesessen bin, ist die Tür
aufgegangen und meine Frau und meine Tochter sind herein-
gekommen. Bei der Tür sind sie stehen geblieben. Sie haben
sich bei den Händen gehalten. Meine Frau hat gesagt: Komm,
geh zu deinem Vater! Aber das Kind ist stehen geblieben und
hat auf uns geschaut, die wir dagesessen sind und hat gesagt:
Welcher ist mein Vater? Mama, welcher ist mein Vater? Ich hab
dann gelacht, einfach gelacht, und die Leute, die gekommen
waren, um mich zu empfangen, haben auch gelacht. Aber als
die Gäste dann gingen und ich beim Gartentor gestanden bin,
bin ich stehen geblieben und habe geweint. Ich hab um meine
kleine Tochter geweint, die ohne ihren Vater gelernt hat zu

gehen, zu sprechen. Daß sie mit einer Sehnsucht aufgewachsen ist. Wem die Sehnsucht gilt, der hat so viel Verantwortung. Zuviel! Sie hat einen Vater, aber sie wächst vaterlos auf. Den Vater hat sie nicht erkannt.

(Lange Pause)

OSMAN Ich muß einen Brief schreiben.

BEKIR Dann laß ich dich allein.

OSMAN Bleib nicht lange draußen. Es ist kalt.

BEKIR Servus. *(Geht)*

OSMAN *(allein)* Servus.

Sie haben sich nicht entfernt
wenn sie schlafen
wer aber erschrocken erwacht
wandert lang
mit seinem Traum
Für solche ist nur die Erde Heimat
denn wer sich einmal entfernt
geht unendlich weit

12. SZENE:

BRIEF DES MÄDCHENS Lieber Papa, wie geht es Dir? Uns geht es gut. Meiner Mutter geht es gut, meiner Oma geht es gut. Ich gehe in die dritte Klasse. Bald kommen die Ferien. Ich freue mich darauf. Bringst Du mir eine Puppe? Wenn ich sie auf meine Beine lege, soll sie die Augen schließen. Wenn ich sie in meine Arme nehme, soll sie die Augen aufmachen. Bring mir, Papa, bitte eine Puppe, die blonde Haare hat, blaue Augen, rote Wangen.

(Musik)

BRIEF DES MÄDCHENS Lieber Papa, bitte, ich möchte nicht nach Deutschland kommen. Ich habe von meiner Freundin einen

Brief erhalten. Sie sagt, daß Deutschland nicht gut ist. Ich habe keine Freunde, sagt sie. Ich habe hier viele Freunde. Wenn ich nach Deutschland komme, werde ich auch keine Freunde haben. Meine Freundin sagt, daß sie in der Schule nichts versteht. Ich bin in der Schule sehr fleißig. Ich möchte nicht schlechte Noten haben. Lieber Papa, ich habe Sehnsucht nach Dir. Oma hat Sehnsucht nach Dir. Wir wollen, daß Du zurückkommst.

(Musik)

DIE HOCKENDEN
    die hinter den Bergen
    die hocken
    sie hocken an den Mauern
    an den Mauern der Lehmhäuser
    an den Mauern der Friedhöfe
    hocken sie
    ihre Mütter haben sie
    auf den Feldern
    die trocken sind
    hockend geboren
    wenn sie sterben
    kippen sie um
    beim Hocken
    und sterben

13. SZENE:

(Sie gehen, Geräusch einer Straße)
OSMAN   Man meint, den Leuten hier geht es allen gut.
BEKIR   Ich hab schon welche gesehen, die reden mit sich selbst. Ob das ein gutes Zeichen ist?
OSMAN   Hab ich auch schon bemerkt. Ich muß darüber nachdenken. Das ist ein Zeichen des Alleinseins.

(Lange Pause)

OSMAN   Wir sind auch allein. Vielleicht reden wir auch mit uns selbst und merken es gar nicht ...

BEKIR   Du vielleicht, Onkel Osman. Dir trau ich das zu. Die Frauen sind schön.

OSMAN   Muß man sagen. Hast du recht.

BEKIR   Gut genährt. Das kommt davon.

OSMAN   Ja, ja ...

BEKIR   Gut gekleidet ...

OSMAN   Schau sie nicht so starr an! Denk an meine Narbe!

BEKIR   Wir sind ja nicht in der Türkei! Die Schönheit darf man hier anschauen.

OSMAN   Komm! Nicht so wie du! Du machst die Arme ja nervös!

BEKIR   Vielleicht gefällt es ihr.

OSMAN   Komm, laß uns gehen!

BEKIR   Wohin denn?

OSMAN   Zum Bahnhof. Was weiß ich.

BEKIR   Ihr geht immer zum Bahnhof. Warum?

OSMAN   Ihr? Was soll das heißen?

BEKIR   Ach was!

OSMAN *(kleinlaut)*   Gehen wir eben ins Café!

(Musik)

14. SZENE:

(Szene wie am Anfang, aber im Freien: Zuerst reden türkische Schauspieler. Übersetzer redet darüber ...)

ÜBERSETZER *(Osman)*   He, warte!

(Bekir) Was hast du denn?

(Osman) Ein Spielplatz.

(Bekir) Ein Spielplatz, aber keine Kinder. Zu kalt, die hocken daheim vor dem Fernseher. Aber traurig ist es: ein Spielplatz ohne Kinder.

(Geräusch – deutsche Schauspieler)

OSMAN   He, warte! Schau, ein Spielplatz. Zugeschneit.

BEKIR   Keine Kinder. Das ist zu kalt, die sitzen zu Hause vor dem Fernseher und haben die Füße auf der Heizung. Ein Spielplatz ohne Kinder.

OSMAN   In dem Dorf, wo ich aufgewachsen bin, hat es so etwas nicht gegeben. Keine Spielplätze, dafür keine Straße, die nicht voll Kinder war, ganz egal, was für Wetter. *(Pause)* Beim Militärdienst war ich in der Stadt. Während eines Bairamfestes bin ich mit einer Riesendrehschaukel geflogen. Danach war mir schlecht. So etwas sollte man in der Kindheit erleben. Nicht beim Militär ...

BEKIR   Das ist doch egal! Komm! He, wir schaukeln.

OSMAN *(lacht)*   Bekir! Laß das, das ist ein Kinderspielplatz, das ist nichts für so alte Esel wie wir. Die Schaukeln sind doch viel zu klein. Außerdem gehen sie kaputt.

BEKIR *(von weitem)*   Komm doch. Schau!

OSMAN   Wenn uns einer sieht!

BEKIR   Wenn uns einer sieht! *(lacht übermütig)*

OSMAN *(lacht mit, rennt zu ihm)*   Wenn uns einer sieht!

BEKIR *(sie schaukeln)*   He, he, wenn uns einer sieht, zwei Schnurr-bärtige auf einer Schaukel!

OSMAN   Nicht so wild! *(lacht)*

(Schaukeln)

BEKIR   Du!

OSMAN   Was?

BEKIR   Siehst du den Hund! Der kommt her! Der ist groß!

OSMAN   Tatsächlich. Komm, gehen wir.

BEKIR   Der meint es ernst.

(Hund bellt)

BEKIR   Geh weg! Hund! Pfui! Hau ab!

(Die türkischen Sprecher fallen ein, es gibt ein Durcheinander zwischen türkisch und deutsch – dann Pause)

OSMAN   Du sollst nicht türkisch reden! Hunde merken das! Sag etwas auf deutsch, mir fällt nichts ein.

BEKIR   Braver Hund. *(sehr freundlich)* Lieber Hund. Hau ab, du Drecksvieh.

(Pause)

OSMAN Weg ist er, sehr gut. Hat deutsch verstanden. Was hat er denn gewollt. Av, av – was soll das heißen.

BEKIR Haut ab, heißt das. Ich hier Hund, du nicht gut hier, du hauen ab, fort, fort, Türkischmann, fort.

OSMAN Das heißt auf hundisch av, av?

BEKIR Wahrscheinlich heißt es: Darf ich Sie darauf aufmerksam machen, daß dies hier ein Kinderspielplatz ist, wo keine Erwachsenen auf der Schaukel sitzen dürfen.

OSMAN Vor allem keine Ausländer.

BEKIR Höchstens Touristen.

OSMAN Weil die Devisen bringen.

BEKIR Weil man mit Devisen neue Fabriken baut.

OSMAN *(ernst, bitter)* Nein, neue Fabriken baut man nicht. Man kauft neue Maschinen, die weniger Arbeiter brauchen.

BEKIR Da hast du recht. Vor zwei Jahren hab ich an zwei Maschinen gearbeitet, jetzt arbeite ich an sechs. Mit dem gleichen Lohn.

OSMAN Mit dem gleichen Lohn. Nur mit mehr Angst, daß du morgen vielleicht an gar keiner Maschine mehr arbeitest.

BEKIR *(übermütig)* Dann bellen wir halt auch! Av! Av!

BEKIR UND OSMAN Av! Av! Av!

OSMAN Gehen wir. Ich hab genug vom Spielen. Meiner Tochter schick ich Spielsachen nach Haus. Alles wird angeschafft. Nur der Vater nicht.

BEKIR Gehen wir ins Krankenhaus Kaya besuchen ...

OSMAN Gehen wir lieber nach Hause. Machen wir uns einen schönen Sonntag Abend.

BEKIR War ein schöner Tag heute.

(Musik)

BRIEF DER FRAU Ich erinnere mich immer an einen Satz von Dir. Du sagtest mir immer – meine Schöne. Du sagtest mir, daß ich schön sei. Ich freute mich, wenn Du mir das sagtest. Jetzt aber denke ich, Du liebtest mich nur deshalb, weil ich schön

bin. Schöne Frauen sind überall. Ich habe Angst. Verzeih mir,
daß ich dies geschrieben habe. Ich habe aber furchtbare Angst.
Man hört so viele Dinge. Gestern kam Meliha zu uns, Du
kennst sie ja. Ihr Mann arbeitet irgendwo in Deutschland. Er
hätte geschrieben, daß er sich scheiden lassen wolle, stell Dir
vor, nach so vielen Jahren. Wir sagten alle, daß sie glücklich
verheiratet sind. Ich sitze vor dem Spiegel, schaue auf mein
Gesicht. Warum sagtest Du mir immer – schön – schön. Ich
hasse jetzt dieses Wort. Ich bin eifersüchtig. Ach, ich bin so
eifersüchtig. Wo bist Du jetzt, Osman, was machst Du?
(Musik)

15. Szene:

Brief des Mannes *(Osman)*   Darf ich weiter träumen, meine
   Geliebte? Wenn ich nicht im Brief träume, wo könnte ich doch
   träumen, ohne ausgelacht zu werden? Schau einmal diesen Satz
   an. »Bei den Lehrstellen werden die Einheimischen bevorzugt.«
   Das ist eine Bestimmung der Richtlinien über die Beschäftigung
   der Ausländer. Für die Lehrstellen werden die Einheimischen
   bevorzugt. Du kannst keinen Menschen finden, der diesen Satz
   nicht richtig findet. Jeder wird sagen: Es ist klar. Man muß
   doch zuerst schauen, daß eigene Arbeiter eine Stelle finden.
   (Er gähnt, laut und lange) In keinem Land würde man anders
   denken, obwohl im zwischenstaatlichen Abkommen eine
   Bedingung über Gleichberechtigung der Gastarbeiter steht. Das
   ist aber nur ein Abkommen und das Töten im Krieg ist erlaubt.
*(Er gähnt leise und kurz. Stille, Kugelschreiber fällt auf den Tisch. Man
hört Geräusche in einem Raum, in dem man schläft. In der Nähe eine
Uhr, Autos weit in der Ferne.)*

ICH WATE IN DER DUNKELHEIT

(1982)

Personen:

Mann
Prüfer
Roboterin
Mutter
Frau
Arbeiterin
Frau am Meer
Kind
Wirtin
Wirt
Renate
Chor (Wirtin, Wirt, Renate)

Mann   Es war wie eine Explosion.

Ich wurde blind.

Ich wurde in die Wolken geschleudert.

Ich wurde hungrig und fand mich auf einmal von meiner Frau geschieden.

Als ich das Gerichtsgebäude verließ, blieb ich eine Weile auf der Treppe vor dem Tor stehen und sah auf die Tauben, die in die Höhe flatterten.

Ich weiß nicht warum. Eine Frau sagte mir, daß alles in Ordnung sei. Ich sagte ja, mit einer fremden Stimme.

Da beugte sich ein Arzt über mich und lächelte.

Er war groß und breitschultrig. Aus der Brusttasche seines Kittels ragte ein elfenbeinfarbener Bleistift.

Dann schwebte meine Hand in der Finsternis.

Als ich wieder sehen konnte, ergab ein Blick in den Raum, daß ich in einer unbekannten Wohnung war, welche aber mir gehörte. Denn ich wußte, daß in der Küche eine Frau für mich Tee kochte. Ich wußte sogar, wenn ich mir Zeit ließe, könnte ich die Form ihres Gesichts, ihres Körpers genau beschreiben.

Da mich alle Informationen über diese Wohnung, über die Gegenstände in ihr, über die Umgebung des Gebäudes, über den Portier unten überfielen, hatte ich keine Zeit, die Frau in meinem Geiste wahrzunehmen.

Außerdem wollte ich Tee trinken.

Ich stand auf, aktivierte einige Geräte mit einer uralten Gewohnheit, so daß alles leuchtete, was leuchten sollte. Bevor ich auf den Bildschirm blickte, vernahm ich die leisen Schritte einer Frau, die zu mir gehörte. Ich sah auf dem Bildschirm die alten Reptilien in ihrer wahren Umgebung, in dem naturgetreu gestalteten Tierpark.

Oder war es am Meer?

SZENE 2:

MANN   Willst du mittrinken?

ROBOTERIN   Wenn Du darauf bestehst?

MANN   Welchen Tee hast Du verwendet?

ROBOTERIN   Den aus Tanegua.
   Wie fühlst Du Dich?

MANN   Was meinst Du?

ROBOTERIN   Gute Frage. Sie kann als Antwort angenommen werden.

MANN   Rede keinen Unsinn!

ROBOTERIN   Das war es auch.

MANN   Was ist los mit Dir heute?

ROBOTERIN   Ach, ich freue mich so, Liebling.

MANN   Was Liebling, was soll denn das?

ROBOTERIN   Warte bis zum Abend. Am Abend ist alles vorbei.
   Ich bin sicher, daß alles so verlaufen wird wie vorprogrammiert.

MANN   Es ist natürlich, daß alles nach dem Programm verläuft.

ROBOTERIN   Willst Du mich jetzt küssen?

MANN   Der Kuß steht im Programm, später, später.

ROBOTERIN   Du hast gute Fortschritte gemacht, Liebling.

MANN   Verschone mich mit Deinem ewigen Liebling!

ROBOTERIN   Aber es muß sein. Es wird Dich in Schwung halten,
   wenigstens bis zum Abend. Wenn Du die letzte Prüfung
   bestehst, sind wir alle in Sicherheit.

MANN   Weißt Du, manchmal bekomme ich Angst, ob wir nicht
   zu weit gegangen sind, ob ich nicht meine Identität verliere.

ROBOTERIN   Eins, zwei, drei, vier, fünf, sechs, sieben, acht, neun,
   zehn, elf, zwölf …

SZENE 3:

PRÜFER   Wie fühlst Du Dich?

MANN   Gut.

PRÜFER Selbstverständlich, das Hirn eingesetzt, das Herz, die Lungen, alles einwandfrei.

MANN Ich habe Augen zum Sehen.

PRÜFER Der Mensch schaut auf die Blumen, vergiß nicht auf die Blumen zu schauen, auf die Sterne. Und Du hast eine schöne Stimme.

MANN Ja, zum Schreien.

PRÜFER Du hast Hände.

MANN Zum Arbeiten.

PRÜFER Nur noch ein paar Fragen.

MANN Ich bin bereit.

PRÜFER Wo gehst Du hin?

MANN In mich hinein.

PRÜFER Was nimmst Du mit?

MANN Das Vaterland.

PRÜFER Du hast die Prüfung bestanden. Du hast die Prüfung bestanden. Die körperlichen Untersuchungen ohne Befund, seelisch zweispaltig.

(Pause)

Wenn Du von einem Land zum anderen gehst, vergiß das Messer nicht, du sollst die Waffen lieben, die Frauen, die Blumen und die technischen Errungenschaften der Menschen beachten.

MANN Darf ich jetzt eine Frage stellen?

PRÜFER Das ist Dein Recht.

MANN Ich habe vieles gelernt, weiß aber nicht, wo meine Stärken liegen. In welchem Gebiet werde ich eingesetzt?

PRÜFER Gewiß nicht dort, wo Du am stärksten bist, jetzt aber geh und lebe!

CHOR Bravo bravo
Er hat ein gesundes
Er hat ein gesundes Nationalgefühl
Hoch
Er hat bestanden

Er hat bestanden
hoch hoch

SZENE 4:

(Zuerst angenehme, dann in Tempo und Lautstärke zunehmende Geräusche)

MANN   Holt mich heraus.

Ich will nicht mehr, kann nicht mehr.

PRÜFER   Komm setz dich. Oder spielst du mit?

MANN   Ich habe geglaubt, Du kommst nicht mehr, meine Nerven funktionieren nicht gut.

PRÜFER   Nerven entfernen, neue einpflanzen. Wir kriegen es schon. Geh in Dein Lager und übe ein wenig.

SZENE 5:

ROBOTERIN   Ich sitze da wie ein Fehler in einer Rechenmaschine oder bin nur ein Lächeln für Deine Augen. Du denkst an die Bäume ohne Blattwerk, an mich denkst Du nicht.

MANN   Du bist mir fremd.

ROBOTERIN   Du bist auch nicht der, der Du sein wirst. Auch Du bist unfertig.

MANN   Ich bin. Ich bin geschaffen.

ROBOTERIN   Ich bin auch geschaffen.

MANN   Du bist gemacht, nicht geschaffen, gemacht von uns, von mir.

ROBOTERIN   Nicht von Dir, Du bist nicht derjenige, der Du einmal warst.

MANN   Ich werde aber zum ... na wie heißt das Wort?

ROBOTERIN   Ich weiß es nicht.

MANN   ... zum Menschen.

ROBOTERIN   Und Du bleibst als Mensch.

MANN   Nein, ich komme wieder zurück. Das ist mir versprochen.

ROBOTERIN   Wer einmal sich ändert, bleibt verändert. Ich bin so und bleibe auch so.

Wenn meine Haare ausfallen, bekomme ich neue Haare.

Wenn meine Augen nicht mehr sehen, werden sie ersetzt.

MANN   Hör auf mich zu quälen!

Du bist nur ein Werkzeug für meinen Unterricht, damit ich unter die Menschen gehe. Hör jetzt auf, mich zu quälen!

ROBOTERIN   Du bist derjenige, der mich quält.

MANN   Du bist nur eine Maschine, die mir Tee kocht.

ROBOTERIN   Ich tue meine Aufgabe.

MANN   Und du plagst mich dabei. Geh in die Küche, führe Deine Pflicht aus.

ROBOTERIN   Die Wohnung habe ich aufgeräumt, sogar die Fenster habe ich geputzt. Das Essen steht bereit. Was willst Du mehr? Willst Du mich küssen?

MANN   Laß mich in Ruhe!

ROBOTERIN   Küß mich, das kannst Du schon. Ich habe die Berichte über Dich gelesen. Küssen kannst Du schon. Aber die Liebe, die kennst Du noch nicht.

SZENE 6:

MANN   Ihr laßt mich das Grün der Bohnen beschreiben, den Sprung der Katze nachahmen. Ihr, die Ihr über alles Bescheid wißt, laßt mich umsonst berichten.

PRÜFER   Sind das die Bilder von einem heilen Planeten, der bald zerspringen wird?

MANN   Ihr wißt es?

PRÜFER   Jeder weiß es von Anfang an.

Keine Angst, die Reise im Traum ist ungefährlicher als das Leben dort. Jammere nicht, Du bist gut versorgt. Außerdem holen wir Dich jedes Mal rechtzeitig heraus, keine Angst.

MANN   Wenn ich unsterblich wäre

würde ich gerne aus Dankbarkeit
Tag für Tag
in einer Strumpffabrik
an der gleichen Maschine arbeiten
Ich würde nicht sterben
an Langeweile

Meine Frau würde
in der Küche
Geschirr spülen
wenn sie unsterblich wäre

Da wir wissen
daß alles vergänglich ist
arbeite ich in einer Strumpffabrik
und meine Frau
spült
Tag für Tag
ihr Geschirr
und wir sterben nicht
an unserer Langeweile

(Lange Pause)

PRÜFER   Höchst interessant, wie lange dauerte es?
MANN   Sieben Jahre.
PRÜFER   War es schlimm?
MANN   Ich spürte nichts.
PRÜFER   Merkwürdig. Du würdest da bleiben, wenn wir Dich
nicht geholt hätten. Merkwürdig. Über dieses Symptom müssen
wir noch Untersuchungen durchführen.

SzENE 7:

MANN   Wieviel Mal bin ich von einer Abteilung zur anderen
gegangen. Menschen und Maschinen. Ich weiß nicht mehr, ob
sie immer verschieden sind, oder sehe ich durch tausend Spiegel
immer das gleiche?
ARBEITERIN   Am Anfang sieht man die Unterschiede nicht und
nach einer Zeit gewöhnt man sich dran und sieht überhaupt
keinen Unterschied mehr.
MANN   Ich habe nicht viel Zeit, das zu erfahren.
ARBEITERIN   Ich habe den Auftrag, Ihnen alles zu erklären, über
meine Arbeit und über meine Maschine.
MANN   Nach dem Lärm der Maschine, die Perlen auswirft, ist die
Stille hier unglaublich.
ARBEITERIN   Diese Maschine hier arbeitet leise, sie arbeitet
nämlich an der Geschwindigkeit, besser gesagt an einem Teil der
Geschwindigkeit.
MANN   Heißt das, daß Sie hier Geschwindigkeit herstellen?
ARBEITERIN   Ich sagte schon, einen Teil.
MANN   Und wo ist der Teil? ... Ich meine, wo ist, was Sie
produzieren?
ARBEITERIN   Sie verstehen mich anscheinend nicht, oder Sie
verspotten mich, Herr?
Kann man die Geschwindigkeit sehen?
MANN   Sie produzieren etwas, was Sie nicht sehen.
ARBEITERIN *(leise)*   Ich nicht, aber die Maschine sieht, wie meine
Haare weiß, meine Beine wund werden.
MANN   Ich habe Sie nicht gehört. Ich fragte, Sie arbeiten doch an
dieser Maschine. Sie sollten doch sehen, was Sie herstellen.
ARBEITERIN   Wenn ich diesen Knopf drücke, verliere ich meinen
Sehsinn.
MANN *(schreit)*   Drück nicht! Drücken Sie nicht! *(Pause)*
(Seufzen des Bedauerns)
ARBEITERIN   Es mußte sein, ich muß doch Geld verdienen.
(Pause)

MANN   Sie sehen, ja, Sie sehen doch. Sie haben auf dem Kittel
Ölflecken bekommen.

ARBEITERIN   Ach, das ist nicht schlimm. Ich habe eine Wasch-
maschine zu Hause.

MANN   Interessanter Fleck.

ARBEITERIN   Nicht wahr?

MANN   Sieht wie ein Rennpferd aus.

ARBEITERIN   Ölflecken habe ich auch auf meinen Beinen. *(Pause)*
Sie erröten ja, ich habe schöne Beine, nicht wahr?

MANN   Die Flecken da sehen wie eine Jacht aus.

ARBEITERIN   Ich wasche sie weg. Bald wird die Sonne aufgehen.
Es ist die Zeit des Schichtwechsels.

MANN   War es schon Nacht?

ARBEITERIN   Bald wird die Sonne aufgehen.

MANN   Kann ich Sie am Tag sehen, draußen?

ARBEITERIN   Bis Nachmittag schlafe ich. Aber wenn Sie wollen,
dann können Sie mit mir kommen. Nach der Arbeit kann ich
nicht sofort schlafen, weil ich so müde bin. Ich frühstücke in
Ruhe und lese meine Zeitung.
Wir könnten zusammen frühstücken. *(Sirene)*
Das ist die Sirene des Schichtwechsels.
Wollen Sie jetzt kommen?
Also kommen Sie.

MANN   Werden Sie sich nicht umkleiden?

ARBEITERIN   Mein Heim ist nebenan. Im selben Gebäude, durch
diesen Korridor kann man gehen.
Na kommen Sie schon.

(Schritte in einem Hohlraum)

MANN   Es ist dunkel hier.

ARBEITERIN   Den Weg kennt jeder, deshalb wenig Licht.
Man kann nicht genug sparen.

MANN   Aber wo sind die anderen? Es ist doch Schichtwechsel.
Wo sind die Arbeiterinnen, mit denen ich gesprochen habe?

ARBEITERIN   Sie haben nur mit mir gesprochen.

MANN   Es war doch eine ältere Sekretärin, eine Datenverarbeiterin.

ARBEITERIN   Ach die, die können sich von ihren Maschinen nicht trennen. Da sind wir.

MANN   Bitte?

ARBEITERIN   Wir sind angekommen.

SZENE 8:

(Ein Tor wird geöffnet, Schritte, eine Tür geht auf, eine Lift fährt, dann steht er plötzlich)

MANN   Warum fährt der Lift nicht?

ARBEITERIN   Anscheinend. Anscheinend will man nicht, daß Sie mitkommen.

MANN   Was nun?

ARBEITERIN   Wir müssen warten.

MANN   Worauf denn?

ARBEITERIN   Bis zum Schichtwechsel.

MANN   Das kann doch nicht wahr sein? Es muß einen Nothebel geben.

ARBEITERIN   Alles ist automatisch. Wir müssen warten.

MANN   Warten, warten.

ARBEITERIN   Die Zeit vergeht schnell. Außerdem sind wir doch zusammen. Wollten Sie nicht mit mir sein?

MANN   Doch ja – aber aber …

ARBEITERIN   Aber im Bett, nicht wahr?
Das kenne ich. Sie sind der zweite, mit dem ich im Lift bin.
Eine kleine Panne und man ist sofort unzufrieden.

MANN   Ich bin nie in einem Lift steckengeblieben, habe keine Erfahrung.

ARBEITERIN   Nein, ich bin nicht böse auf Sie. Sie gefallen mir sogar. Der erste begann sofort zu schreien. Schade, daß Sie nicht mit zur mir kommen dürfen. Sie sind vielleicht verheiratet?

MANN   Warum fragen Sie das?

ARBEITERIN   Eben, weil Sie nicht mitkommen dürfen?

MANN   Merkwürdige Regel. Nein, ich bin nicht verheiratet.

(Es beginnt zu donnern)

MANN   Was ist los, der Aufzug bebt.

ARBEITERIN   Ich weiß es nicht.

MANN   Die Wände.

ARBEITERIN   Der Boden auch, ich habe Angst. *(es zischt)*

MANN   Es riecht nach – nach …

ARBEITERIN   Gas. Wir werden ersticken. Ich will zurück. Zurück zu meiner Maschine, ich möchte zurück zu meiner Arbeit. Hilfe! Helft doch.

MANN   Beruhigen Sie sich doch. Kommen Sie schon, geben Sie mir ihre Hände. Wie schön sind sie.

ARBEITERIN   Lassen Sie mich los.
Sie sind schuld. Sie sollten nicht mitkommen. Ich will zurück zu meiner Maschine.

(Der Lärm hört plötzlich auf)

MANN   Es hat aufgehört.

(Der Lift fährt, Frau beginnt zu weinen)
Weinen Sie doch nicht. Alles ist in Ordnung.

ARBEITERIN   Nichts ist in Ordnung.
Ich sollte nicht um Hilfe bitten. Jetzt habe ich mich ewig verpflichtet, an der Maschine zu bleiben.

SZENE 9:

PRÜFER   Also, dann berichte!

MANN   Alles ist so weiß, farblos auf einmal, es gibt keine Zeit, keinen Raum, zu denen ich gehöre.

PRÜFER   Du bist jetzt ein Mensch von 45 Jahren.

MANN   Jedesmal habe ich das Gefühl, daß ich in eine Lage gesetzt werde, daß alles vorbestimmt ist.

PRÜFER   Unsere Kräfte reichen nicht bis dahin, wir suchen ja selber den Sinn.

MANN   Nein, ich habe nicht 45 Jahre gelebt.

PRÜFER   Doch doch, als Mensch schon. Jammere nicht. Du machst Fortschritte, das kann man messen.

MANN   Wenn ich es ausspreche und sage, daß ich nicht gelebt
         habe. Das allein gilt, nicht Deine Messungen.
PRÜFER   Merkwürdig. Das muß man aufzeichnen. Aber Dein
         Auftrag ist noch nicht erfüllt, Deine Geschichte ist nicht zu
         Ende.
MANN   Ja, mein Leben ist nicht zu Ende, ich habe kaum etwas zu
         berichten.
PRÜFER   Erzähle doch, woran erinnerst Du Dich am meisten?
MANN   Ich bekam eine Kindheit, bekam keine Spielzeuge.
PRÜFER   Keine Spielzeuge?
MANN   Öfters lache ich eine Mutter aus mir heraus.
         Eine Mutter, die flickt mir in jeder Ecke einer Erinnerung
         Strümpfe,
         begleicht Schulden mit goldenen Tränen
         vage erinnere ich mich an die zersprungene Scheibe
         eines Nachbarn, nicht der Ball war es, sondern der Mond, ja der
         Mond.
         Meine Mutter ruft mich.

SZENE 10:

MUTTER   Deine Hände sind wieder schmutzig geworden.
KIND   Ich habe aus Lehm Kriegsschiffe gemacht, viele kleine
         Missouris aus Lehm, mit Kanonen aus Streichhölzern.
MUTTER   Ja und dabei hast Du Deine Hände schmutzig ge-
         macht. Schau doch, Du wirst schöne Strümpfe haben!
KIND   Mama?
MUTTER   Mhhh?
KIND   Was gibts liebe Mutter
         hinter den Bergen?
MUTTER   Hinter den Bergen
         gibts Berge mein Kind,
         große große Berge.
KIND   Was gibts denn

hinter den Bergen,
den großen großen Bergen?
MUTTER Dahinter sind andere Berge,
mein Augenlicht.
Dein Vater der Selige sagte,
er selbst sei über sieben Berge
gegangen.
KIND Wenn ich noch sieben Berge
dazu schaffe, liebe Mutter,
was ist dann?
MUTTER Ich weiß es nicht,
besser man schaut auf die Berge
und schweigt.
KIND Mein Vater schaffte sieben Berge.
MUTTER Ja, und starb daran.
KIND Mama, Mama, Mama, Mama, Mama.

SZENE II:

PRÜFER Mehr als Liebe.
Mehr als Glück.
Hast Du das Gedicht gesucht?
MANN Ich weiß es nicht. Liebe, Glück und Gedicht.
Das sind Wörter für mich. Ich weiß nur, daß ich in den Kinos
war und in den Nächten, wenn ich den Schlaf der Menschen
erlebte, träumte ich von Menschen.
Ich sah ein blindes Kind auf einem Platz, die Sonne schien und
das Kind, das blind war, verkaufte Mais für Tauben. Ich sah den
Platz wie eine Hand offen, mit unzähligen Fingern.
PRÜFER Hast Du vom Kind Mais gekauft?
Hast Du die Tauben gefüttert?
MANN Nein, ich bin schreiend aufgewacht.
PRÜFER Warum? Hattest Du Angst?
MANN Angst, ja. Ich glaubte, wenn ich nicht aufwache, würde

sich die riesige Hand zu einer riesigen Faust schließen, samt
Menschen und mir, samt Tauben und Mais.

PRÜFER   So hast Du also die Angst gelernt, durch einen Traum?

MANN   Durch die Träume des Menschen.

SZENE 12:

KIND   Kauft Mais für die Tauben.
Mais.
Ich verkaufe Mais, für die schönen Tauben.
Mais. Mais, für die schönen Tauben.
Mais.

*(Eine Taube fliegt, dann fliegen viele Tauben. Man zerstreut Mais.
Dann fliegen mehr Tauben. Man hört einzelne Körner fallen. Das Flat-
tern der Flügel wurde unerträglich. Der Lärm des Mais wird unerträglich)*

SZENE 13:

PRÜFER   Hast Du nicht etwas vergessen?
Es war doch etwas vor dem Erwachen.

MANN   Es kamen Flugzeuge und warfen Bomben.

PRÜFER   Nein nein. Nein, es waren die Tauben, die Maiskörner.

MANN   Die Bomben waren es.

PRÜFER   Na ja, schon gut, aber vorher, was war vor Deinem
Erwachen?

MANN   Ich weiß nichts mehr.
Ich will nicht mehr zwischen den Träumen hin und her gehen.
Ich will nicht, daß ich in den Hinterhöfen der Kontinente, fern
von den Meeren, die ich nicht kenne, hin und her geschleudert
werde. Ich will nicht an die Meere denken, die ich nicht einmal
gesehen habe.

PRÜFER   Du wirst sie sehen, die Meere.

MANN *(entfernt sich)*   Ich möchte mich zurückziehen, ich bin
müde, so müde.

PRÜFER   Na gut.

Geh zu Deinem Lager zurück. Ruhe Dich aus. Merk Dir: Als
Du von einem Traum zum anderen versetzt wurdest, warst Du
ein Kind und konntest immer wieder aufwachen. Das Kind
sieht Meere an einer Schnur aufgereiht, Sonnen sieht es an den
Wäscheleinen.

MANN *(von weitem)*   Auch das Kind, das blind ist?

PRÜFER   Ja, das auch. Jetzt geh in Dein Lager und werde alt.

SZENE 14:

MANN   Zufluchtsort, schwarz

Ich schreite in Schwarz
Ich wate in der Dunkelheit.
Die Wärme des Blutes
an meinen Füßen
Ist es das
Blut Deiner Brust kleines Mädchen
oder hast Du geweint?

Zufluchtsort, schwarz
manchmal stolpere ich
über Papyrusblätter
taste die zwischenstaatlichen Abkommen
verjährte Verträge rutschen gefährlich
ich schleppe Dich mit
kleines Mädchen
oder willst Du nicht?

Wohin wir auch gehen
sehen wir Deinesgleichen

Kinder, sternenalt, ausgelöscht
Ein Wasserspiegel ohne Farben
kein Licht lacht, gewiß kein Brot in der Hand
Doch fühle ich plötzlich
das weiche unsichtbare Weiß Deiner Haut

Ich öffne Dein Hemd siegreich und allein
Mit der Berührung schreien wir beide

CHOR   Er sang
        Sie haben ihn zu schweigen geheißen
        Er sang
        Sie haben ihn durch die Städte gezogen
        Was er zu bieten hatte, bot er und sang.

        Sie haben ihn singend aufgehoben.
        Hinter geschlossenen Türen schwieg er
        und nach Tagen und Nächten
        als er wieder den Himmel sah
        begann er mit einem neuen Lied.

SZENE 15:

WIRTIN   Sie schliefen fest.
MANN   Ja?
WIRTIN   Ich habe lange an Ihrer Tür geklopft, aber Sie schliefen fest.
MANN   Schlief ich?
WIRTIN   Ihre Frau hat angerufen, aber Sie schliefen ja fest.
MANN   Ich weiß es nicht.
WIRTIN   Natürlich wissen Sie es nicht, daß Ihre Frau angerufen hat.
MANN   Ich meine, ob ich geschlafen habe. Jedenfalls habe ich
        nichts gehört.
        Es war so ein kleines Kind, das mich ...
WIRTIN   Was für ein kleines Kind? Keine anderen Gäste zu

Hause. Ich war an der Tür. Sie kennen Renate, meine Tochter.
Sie ist doch kein Kind mehr. Mein Mann wollte, daß wir einen
Sohn haben. Ach, Sie haben meinen Mann noch nicht kennen-
gelernt. Also beim Abendessen sehen Sie ihn.
Wollten Sie nicht mit Ihrer Frau kommen?

MANN Wollt ich das? Habe ich je mit Ihnen gesprochen?

WIRTIN Ihre Frau hatte doch angerufen. Also nicht jetzt,
sondern früher. Ich meine, jetzt hat sie auch angerufen. Aber als
sie mich das ersten Mal anrief, bestellte sie ein Doppelzimmer.
Deshalb habe ich geglaubt, Sie wollten mit Ihrer Frau kommen.

MANN Möchten Sie, daß ich in ein anderes Zimmer übersiedle?
Ich würde gerne in diesem Zimmer bleiben, ich habe mich an
das Zimmer gewöhnt.
Ich nehme an, es ist größer als ein Einbettzimmer.

WIRTIN Also alle unsere Zimmer sind gleich groß. Wir haben ein
schönes Haus.

MANN Aber trotzdem würde ich gerne in diesem Zimmer
bleiben.

WIRTIN Ja gut. Sie können in diesem Zimmer bleiben.

MANN Sehr lieb von Ihnen. Besten Dank.

WIRTIN Ja. Bitte, bitte. Aber ich wollte ja nicht über das Zimmer
mit Ihnen reden.

MANN Meinen Sie das Kind?

WIRTIN Welches Kind?
Wir haben kein Kind zu Hause. Ich habe an Ihre Tür geklopft.
Ihre Frau hat angerufen!
Aber Sie schliefen.

MANN Ich habe nicht geschlafen.

RENATE Mama, Mama! *(von weitem)*

WIRTIN Ja, was ist?

RENATE Vater ist da!

WIRTIN Ja gleich. In einer Stunde ist das Essen bereit.

(Geräusche des Essens, Trinkens)

WIRTIN   Na, hat's geschmeckt.

MANN   Ja ja, danke.

WIRT   Was ich sagen wollte ...

MANN   Im Zweiten Weltkrieg ...

WIRT   Ja, im Zweiten Weltkrieg, entschuldigen Sie, daß ich mir
Ihren Namen nicht merken kann, ja im Krieg hatten wir es sehr
schwer.

WIRTIN   Er mußte von Rankweil bis Lustenau, stellen Sie sich
vor, zu Fuß, um zwei Kartoffeln zu holen.
Eine Tante von mir hatte da einen Garten.

WIRT   Jetzt haben wir alles.

WIRTIN   Ein Motorboot, auch holländische Gäste gegen die
Langeweile.

WIRT   Ich weiß es, ich weiß, was Du damit sagen willst.

MANN   Als es Krieg gab, auf der Welt, war ich noch ein Kind.
Ich baute Drachen aus Zeitungen.
Mein Vater war ein Zeitungsleser, er murmelte immer, wenn er
las. Der Krieg blieb an unseren Grenzen stehen, aber der
Hunger, der drang ein.

WIRT   Ist Ihr Vater nach dem Krieg nicht zu etwas gekommen,
ich meine Haus, Auto und so weiter.

WIRTIN   Ja, das gehört doch einfach zum Leben, nicht?

WIRT   Durch den Krieg wird man ja reicher. Wenn es irgendwo
einen Krieg gibt, weiß ich, daß manche dabei reich werden.

MANN   Und manche zittern.

WIRTIN   Mein Mann gähnt, wenn er Nachrichten hört.

WIRT   Es sind kleine Kriege mit so wenig Toten.

WIRTIN   Gott sei Dank, bei uns gibt es ja so etwas nicht.

WIRT   Wir haben die beste Sozialversicherung. Unser Geld gehört
zu dem stabilsten.

WIRTIN   Ja, wir haben Touristen, wir haben einen ...

WIRT   Wir leisten viel für die Entwicklungsländer.

WIRTIN   Also ich bin dagegen, daß wir zu viel Geld ins Ausland schicken.

WIRT   Da hast Du recht, viel zu viel Geld, viel zu viel Geld.

WIRTIN   Dabei weine ich, wenn ich die hübschen kleinen Negerkinder sehe im Fernseher.

WIRT   Wir mögen Frieden.

WIRTIN   Frieden. Ja Frieden in unserem Land, Frieden auf der Welt.

WIRT   Wir hassen den Krieg.

WIRTIN   Ja.

WIRT   Es gibt kein Land, mit dem wir Krieg führen wollen.

WIRTIN   Auf keinen Fall.

WIRT   In Kriege wurden wir nur hineingezogen.

WIRTIN   Genau.

WIRT   Was draußen ist, ist draußen.

WIRTIN   Richtig.

WIRT   Wir dürfen mit gutem Gewissen unser Bier trinken.

WIRTIN   Ja, Du sagst es.

MANN   Und manche … und manche zittern.

SZENE 17:

PRÜFER   Was hast Du diesmal zu berichten?

MANN   Nichts. Ich glaube, ich habe zu viel gegessen. Sonst nichts.

PRÜFER   Du warst höchst unvorsichtig.
Holt aus seinem Gehirn, was er erlebt hat.
Das gibts nicht, daß er mit leeren Händen kommt.

CHOR   Allein wie im Schlaf
verantwortungslos wie Träume
langweilig am Tag
Deine Politik
uralt und trügerisch
achtlos und mörderisch
Deine Agrarpolitik Wirtschafts- und Freundschaftspolitik

Entwicklungs- und Entwicklungshilfepolitik
sie wachsen aus dem Krieg
werden reif bis zur Reue nach dem Tod
und beginnen von neuem
Was Dein Gewissen schreibt
auf die Papiere
wird blaß / eine Bö Dein Gedächtnis
(immer leiser werdend)
eine Bö Dein Gedächtnis
eine Bö Dein Gedächtnis

PRÜFER   Seht, er hat doch etwas mitgebracht.

CHOR   Unverständlich, unklar, muß dechiffriert werden.

MANN   Es war da eine Frau, es schien, als ob sie mich liebte.
PRÜFER   Das gibts, das gibts.
MANN   Es war da die Rede von einem Krieg, der nicht aufhört.
PRÜFER   Richtig, der hört nie auf. Mach Dir keine Sorge.
MANN   Dagegen sollte man etwas unternehmen.
PRÜFER   Das wissen wir. Jeder ist der Meinung.
MANN   Und was unternimmt man?
PRÜFER   Das ist Dein Problem. Wichtig ist, daß man weiß. Daß
man weiß, ist gut für den Kreislauf des Körpers. Gut ist es auch
für die Wirtschaft.
MANN   Mich hat die Liebe zerstört, kann das sein?
Ich bin doch ein Mensch trotzallem. Ich träume nicht, sondern
lebe trotzallem. Kann das sein?

SZENE 18:

FRAU   Willkommen zu Hause, mein Schatz! Hast Du Dich gut
erholen können?
MANN   Komm, gib mir einen Kuß. Wie geht's den Buben?

FRAU   Ach, denen geht's sehr gut. Bald ist der Kindergarten aus. Hast Du Hunger?

MANN   Ich hatte Sehnsucht nach Euch.

FRAU   Hoffentlich hast Du nicht zu viel gearbeitet.

MANN   Ne, ne, ne.

FRAU   Ich richte etwas für Dich. Bald kriegst Du Deinen Tee.

MANN   Merkwürdig, ich kann zu Hause besser schreiben.

FRAU   Und Du hast doch gearbeitet. Du solltest ausruhen, entspannen.

MANN   Das hat Renate auch gesagt.

FRAU   Was hat Renate gesagt? Wer ist Renate?

MANN   Die Tochter der Wirtin.

FRAU   Wie alt ist sie denn?

MANN   20.

FRAU   Woher weißt Du das so genau? Habt Ihr viel gesprochen? Ist sie hübsch?

MANN   Was soll diese Fragerei. Ich bin müde.

FRAU   Du gehst auf Urlaub. Du läßt uns daheim und Du unterhältst Dich mit einem jungen Mädchen. Geschrieben hast Du auch nichts?

MANN   Woher weißt Du, daß ich nichts geschrieben habe?

FRAU   Das hast Du selber gesagt.

MANN   Das habe ich nicht gesagt.

FRAU   Doch, Du hast …

MANN   Ich habe gesagt, daß ich zu Hause besser schreiben kann.

FRAU   Natürlich kannst Du zu Hause besser schreiben. Mit uns redest Du ja nicht.

MANN   Wie bitte? Jetzt hör doch mal auf! Ich kann das nicht mehr hören.

FRAU   Ja, Du hockst an Deinem Tisch – und niemand darf Dich stören.

MANN   Du hast mich überredet, daß ich auf Urlaub gehe.

FRAU   Habe ich etwa etwas Falsches gewollt? Ich wollte, daß Du Dich erholst, aber nicht, daß du Dich mit einem fremden Mädchen herumtreibst.

MANN   Moment, ich habe mit dem Mädchen nichts gehabt. Laß mich doch in Ruh.

FRAU   Also bitte, wie sprichst Du denn mit mir?

Ich störe Dich wohl.

Wir haben Dich immer gestört, immer. Für uns hast Du ja nie Zeit.

MANN   Ich habe einen Beruf. Wie jeder andere arbeite ich auch. Einen Beruf, einen Beruf. Verstehst du? Einen Beruf.

Ich habe auch im Urlaub gearbeitet.

FRAU   Was hast du denn geschrieben?

MANN   Danach hättest Du vorher fragen sollen.

FRAU   Das habe ich getan. Du meinst immer, daß ich mich für Deine Schreiberei nicht interessiere.

MANN   Schreiberei, wie schön Du das sagst.

FRAU   Das war keine Geringschätzung.

MANN   Das klang aber so.

FRAU   Wirklich nicht. Trotzdem verzeih mir Schatz.

MANN   Ach, ich habe mich daran gewöhnt.

FRAU   Woran hast Du Dich gewöhnt?

MANN   Ach, hör auf mit dem Theater. Du willst nicht, daß ich schreibe.

FRAU   Ja bitte, wenn es Dir Spaß macht. Bitte schreibe, mein Gott.

MANN   Das ist kein Spaß.

FRAU   Aber ernähren kann man sich davon nicht.

SZENE 19:

MANN   Holt mich raus.

PRÜFER   Ja.

MANN   Ich habe geglaubt, Du kommst nicht mehr und ich bleibe ewig da.

PRÜFER   Um Dich abzuholen, bin ich nicht gekommen.

Du bist entlassen.

MANN   Aber warum?

PRÜFER   Zu viel Arbeit kostete uns Dein Körper.
Zu sehr haben wir Dir in der Seele gewühlt. Du gehst unter die
Menschen und bleibst dort.

SZENE 20:

CHOR   Mehr als Liebe.
Mehr als Glück.
Hast du das Gedicht gesucht?
Suche die Liebe, suche die Liebe.

SZENE 21:

RENATE   Guten Morgen.
MANN   Guten Morgen, Fräulein Renate.
RENATE   Darf ich aufräumen?
MANN   Ja, bitte. Nur meine Sachen auf dem Tisch, die sollen ...
RENATE   Ja, ja, ich weiß schon, die lasse ich, so wie sie liegen.
Sie rauchen zu viel. Warum machen Sie keinen Spaziergang?
(Fenster wird geöffnet)
Unten im Garten sonnt die alte Hexe, diese Holländerin.
Sie zeigt ihre Brüste meinem Vater.
MANN   Wenn Sie sich zum Fenster hinausbeugen, sehe ich Ihre
schönen langen Beine.
RENATE *(lachend)*   Das sagen Sie nur. Sie wollen nichts sehen.
Seit Tagen hocken Sie da in diesem Zimmer und schreiben.
Darf ich nicht etwas von Ihnen lesen? Das da zum Beispiel, das
da: *(sie liest)*
»Frau: Willkommen zu Hause, mein Schatz! Hast Du Dich
erholen können? Mann: Komm, gib mir einen Kuß.«
MANN *(er unterbricht sie)*   Nein, bitte. Bitte nicht weiterlesen.
Aber vielleicht diesen Zettel hier, wenn Sie wollen.
RENATE   Es gibt einen einzigen Gott

der dichtet das erste Licht
Führe mich o Gott durch Deine Wörter
in ihnen bin ich so fremd
mach, daß Dein Rilke nebenan
nur ein Gedicht lang zu mir kommt
nicht, daß ich Dich preisen will
Dein Ast hat schon geblüht
mit dem Mann, der immer wiederkommt.
Diejenigen, die den Menschen
ein wahres Zeichen geben
sind unvollkommen und wenig,
die möchte ich preisen

RENATE   Ist das ein Gebet?
MANN   Ja, so etwas.

SZENE 22:

MANN   Es war wie eine Explosion.
    Ich wurde blind.
    Dann, dann …
    Ich wurde in die Wolken geschleudert.
    Ich wurde hungrig. Ich wurde hunrig und fand mich auf einmal
    von meiner Frau geschieden.
    Als ich das Gerichtsgebäude verließ, blieb ich eine Weile auf der
    Treppe vor dem Tor stehen und sah auf die Tauben, die in die
    Höhe flatterten, flatterten.
    Ich weiß nicht warum. Eine Frau sagte mir, daß alles in
    Ordnung sei. Ich sagte ja, mit einer fremden Stimme. Da
    beugte sich ein Arzt über mich und lächelte. Er war groß. Er
    war groß und breitschultrig, breitschultrig. Aus der Brusttasche
    seines Kittels ragte ein elfenbeinfarbiger Bleistift. Breitschultrig,
    Brusttasche, Bleistift. Dann schwebte meine Hand in der
    Finsternis. Dann schwebte meine Hand in der Finsternis.

MANN Das Meer. Am Ende des Waldes das Meer. Endlich das Meer.

FRAU Wer bist Du?

MANN Sie haben mich erschreckt.

FRAU Wie heißt Du?

MANN Ich habe den Wald nie gemocht.

FRAU Du antwortest mir nicht.
Immer dasselbe. Man will einfach nicht reden.
Man sagt immer etwas anderes.

MANN Gab es denn so viele aus dem Wald?

FRAU Du glaubst, Du seist der einzige.
Jeder glaubte das. Du staunst, nicht wahr? Jeder staunt, und
gerade das verstehe ich überhaupt nicht. Staunen.

MANN Daß es auch andere gab, erstaunt mich. Solange ich im
Walde war, habe ich keinen getroffen.

FRAU Es war langweilig für Dich.

MANN Nein, das nicht. Schöne, kleine Wasserfälle, Farben –
unzählige.

FRAU Und Du hast Dir doch das Meer gewünscht.

MANN Ja, sehr. Aber jetzt bin ich hier.

FRAU Noch nicht. Du mußt noch über den Sandstreifen, dann
kommt das Meer.

MANN Ein paar Schritte noch.
Ich bin ausgeruht, ich kann aufstehen und laufen, zum Meer.

FRAU Fällt Dir nicht etwas auf? Merkst Du nicht etwas?

MANN Ich sollte Ihnen meinen Namen sagen. Es ist unhöflich
von mir. Verzeihen Sie. Müde war ich, sehr müde und aufgeregt. Oft mußte ich mit dem Wind wettrennen. Plötzlich stand
ich vor dem Meer. Deshalb konnte ich Ihre Frage nicht
beantworten. Ich nenne mich Schweben.

FRAU Schweben. Schweben, fällt Dir hier nichts auf?

MANN Nein. Nur, wer sind Sie? Woher kommen Sie?

FRAU Wellen, Herr Schweben, Wellen.
Du hast keine Ahnung vom Meer. Es fehlen die Wellen, Wellen.

MANN   Nein, das habe ich nicht bemerkt.

FRAU   Du könntest das auch nicht merken, weil Du keine
Ahnung hattest vom Meer.

MANN   Es stimmt nicht, was Sie sagen. Ich bin um des Meeres
willen den ganzen Wald gewandert und es war nicht leicht.

(Schritte im Sand)

FRAU   Halt, wohin gehst Du?

MANN   Zum Meer, natürlich zum Meer.

FRAU   Ich habe doch gesagt, das Meer hat keine Wellen.

MANN   Es ist mir gleich.

FRAU   Na gut, diese wenigen Schritte mache ich mit.

MANN   Sie hätten ruhig bleiben können.

FRAU   Nein, nein, so sehe ich es besser, ich muß mir die Veränderung Deines Gesichtes genau ansehen.

MANN   Warum soll ich mein Gesicht verändern? Sie lenken mich
ab. Sie verderben mir meine Freude.
Bitte, schweigen Sie jetzt endlich.
Ich bin so nahe beim Meer, dem großen Meer.

FRAU   Na gut, ich schweige, aber merke, Du bist nicht allein.
Wir sind, wird sind nahe am Meer.

MANN *(läuft, steht plötzlich)*

FRAU *(geht zu ihm)*   Du tauchst Deine Hände ins Wasser.

MANN *(schreit)*   Ich wasche meine Hände im Meer. Ich wasche
meine Hände.

(Pause)

MANN *(zieht sich aus)*

FRAU   Was machst Du jetzt?

MANN *(mit Freude)*   Ich ziehe mich aus. Ich werde tauchen,
tauchen ins Meer.

FRAU *(leise)*   Die Arbeit könntest Du Dir ersparen.
Deine Fetzen würden sowieso nicht naß.

(Pause)

Ich wate in der Dunkelheit

FRAU   Komm heraus. *(Pause)*
Komm endlich.
Schon gut. Na also. Zieh Dich an – *(Pause)*
Sei nicht traurig. Schon gut, Schweben.
Sei nicht traurig.
Das Meer ist ohne Wellen. Es ist eben so, Du kannst Deine
Hände nicht waschen, Du kannst drinnen nicht schwimmen.
Weil das Meer ohne Wellen ist, hat es auch keine Stimme. Das
mußt Du annehmen und nicht traurig sein.

MANN   Lassen Sie mich mit Ihrem ewigen Traurigsein in Ruhe.
Ich bin nicht traurig, im Gegenteil, ich freue mich. Endlich
habe ich das Meer erreicht.

FRAU   Nennst du das Freude, wenn Du da stehst, die Mütze in
der Hand, barfuß, ohne ein Salzkorn an den Wimpern?

MANN   Als ich durch den Wald lief, wußte ich nicht, daß ich
durch den Wald lief, daß ich ihn, den Wald, nicht mochte,
merkte ich plötzlich, als ich Deine Stimme hörte.

FRAU   Du liefst nur.

MANN   Zum Meer.

FRAU   Jetzt, wie ist es jetzt?

MANN   Jetzt hat etwas aufgehört.

FRAU   Wenn etwas aufhört, hört alles auf. Nichts hat aufgehört.

MANN   Du hast mich etwas gelehrt, was nicht vorhanden ist.
Die Wellen, die kannte ich nicht. Sie kenne ich auch jetzt nicht.

FRAU   Und das stört Dich? Aber es gibt sie wirklich.

MANN   Das Meer bezwang mich, mein Wegweiser.
Ich war stumm, deshalb störte mich das Meer nicht, daß es
stumm ist, daß es keine Wellen hat, störte mich nicht. Was
fange ich wohl mit einem Meer an?
Wer sind Sie, die mir weh tun, die ich berühren will?

FRAU   Du siehst mich an. Du sprichst vom Berühren. Dein Blick
teilt mich in Stücke. Du malst mich, Du bemerkst mich. Ich
spüre es. Du hast Wörter für mich, sage sie mir.

(Pause)

FRAU   Bitte, sage.

(Geräusche der Wellen ganz kurz)

    Bitte, sage sie mir.

(Geräusche der Wellen noch länger)
(Plötzlich Stille)

WEGE ODER DIE LIEBE – LEGENDE EINES AUGENBLICKS
(1985)

PERSONEN:
Ehemann
Ehefrau
Dichter
Tochter
Der Fremde
Frau

1. SZENE:

EHEMANN   Alles sah ich, die Armut
   die keine Hoffnung brauchte
   den Krieg, der den Tod lächerlich machte

   Ich sammelte aus Trümmern
   einer Stadt Steine
   Und baute mir eine Hütte
   Ich sammelte aus dem Meer
   Flaschen und verkaufte sie

   Wenn man mit Scherben
   Geschäfte macht
   macht man sich die Hände wund
   aber verhungert nicht.

EHEFRAU   Aus den Scherben machte
   er Fabriken, die Perlen auswerfen
   aus den Perlen machte er
   Sprengstoff, aus den Sprengstoffen
   Fahrzeuge, die die Lüfte zerrissen.

   Jetzt denkst du an den Himmel
   und die Liebe
   deine trockene Zunge machst du
   naß
   von meinem Körper

2. SZENE:

DICHTER   Nenn es Angst oder nenn es Liebe
   nenn es Tod oder nenn es Sehnsucht

Während ich meine Hände wasche, kommt es, trommelt mit
Genugtuung.
Ich fliehe zum Handtuch, es schüttelt winzige Stiere auf meine
Brust.
Ich ziehe ein Hemd an, um die Stiere zu blenden;
Doch zwischen meiner Haut und dem Stoff die Gewaltsamkeit
der Umarmung

Dann die Küche ganz schnell
etwas Sommer, anmaßende Ruhe der Sonnenblumen
auf den Tellern,
viel Durchsichtiges
auf den Regalen
Gläser, meine Süchtigkeit
beinahe in Erwartung gespült zu werden
Ein Leichtsinn überall
Du bist nicht drinnen

Doch es kommt und verwandelt das Küchenmesser in ein
Schwert.
das Brot fürchtet sich nicht
und das Fleisch, luftdicht verpackt,
tropft keinen heroischen Flecken
auf die Kacheln.
ich bücke mich
und suche Hufspuren der Schlachtpferde bis zum Flur
dort sehe ich eine Frau
mit langen Haaren in den Achselhöhlen
die tägliche Zeitung hochheben.
Noch kann ich zurück
Aber wie lange noch zu fliehen
Entweder bleibt das Rauschen der Gräser in der Luft
und man beseitigt die Hufspuren mit einem Poliermittel
oder du besiegst mich
Ich koche meinen Tee, lese zarte Röcke aus der Zeitung

Es kommt und setzt sich auf meine Schultern, zahm und
harmlos
doch es drückt

3. SZENE:

EHEMANN   Wenn ich dich wie einen Apfel schälen
wie einen Pfirsich riechen dürfte
deinen schlanken Hals berühren
will ich
und berühre deinen Hals
und warte darauf, daß
dein Körper sich spannt
mit Ekel.

So liebe ich deinen Körper
deinen Ekel schürend,
mit Schaum des Hasses
Kuß um Kuß Rache nehmend

EHEFRAU   Sie vergehen nicht
die Nächte
sie verlöschen mich

Am Morgen sehen wir uns nicht an
Wir sind allein mit unserem Stolz
allein mit unserem Überdruß
Sein Schweigen beim Frühstück
erreicht mich nicht
Mein Schweigen
hat keine Bedeutung
für ihn.

EHEMANN   Warum bleibe ich bei ihr?

EHEFRAU   Warum bleibe ich bei ihm?

TOCHTER   Mein Vater badet allein
im Bad, weil meine Mutter
ihn nicht liebt
Mein Vater hat keinen Menschen
der ihm seinen Rücken schrubbt,
obwohl er nicht ledig ist.
Mein Vater würde gerne ledig sein
weil er allein ist im Bad
Er ist allein im Bett
obwohl meine Mutter neben ihm liegt.

Meine Mutter hat nichts dagegen
wenn er im selben Bett liegt
solange er sie nicht berührt

Meine Mutter würde gerne ledig sein
um nicht von meinem Vater
berührt zu werden.
Trotzdem wollen sie, daß ich heirate
und den ich liebe
darf ich nicht sehen

4. SZENE:

DER FREMDE   Als ich kam, warst du nicht
auf der Welt, langsam
erkaltete das Licht.
Oder müde geworden
meine Augen
wegen langen Wartens
stumpf geworden meine Blicke vielleicht

Was gibts denn hinter den
sieben Bergen
in den schmalen Gassen
an den Haltestellen
Allein und einsam schaute
ich
in die Lichter
schaute zu lange

Viele Nächte habe ich
gesehen, in denen
Lastträger schlafen
Weißt du, alle
haben lange Hälse,
die Lastträger, wenn der Körper
unter der Last sinkt
strebt der Kopf in die Höhe
der Adamsapfel ragt hervor
und der Hals, der wird länger
Wie kannst du das
wissen, du warst nicht da.

Als du in die Welt kamst
hinter den sieben Bergen,
schrieb ich über die
Kinderdrachen aus Zeitungspapieren
über die Geduld der Bauern und
träumte vom Frieden
ich liebte oft, glaubte oft zu lieben
ich hatte keine Ahnung von deiner Geburt.

Ich schuf mich aus Lehm
und gab mir die ovale Form
der Erdkugel traurig, ernst
und ohne Liebe

bis ich dich sah, deine
weit geöffneten Augen voll mit Licht.

5. Szene:

Tochter   Am Morgen habe ich
grüne Augen, hell
ein rasches Bild
im Spiegel
auf dem Tisch bleibt
halbgetrunkener Kaffee
in der
Straßenbahn
der Traum der Nacht
wach sein für die Liebe
gelöscht

Eine blonde Wimper
am rechten Auge
an dem kleinen Finger
ein Tintenfleck

Am Abend
habe ich
braune Augen
werde ich reif
oder verfaule ich
wo stünde ich jetzt
wenn nicht bei dir.

Der Fremde   Sie lacht gewaltlos
ihrer Schönheit wegen vielleicht

Trotz des Lachens des Mundes
schauen traurig die Augen

wegen des Lippenstiftes vielleicht
vielleicht meinetwegen

Komm gib mir deine Hand
deine Haare waschen mein Gesicht
ich sehe die Welt nicht

FRAU Bestimmt, wir sind zerstreut
wenn wir uns lieben
wenn wir lieben
vergessen wir das Brot
das Hemd und die Blume

in uns irgendwo zwei Körper
zwei Messer zwei Sonnen
eine Brandung sicherlich
daß es draußen
purpurne Nächte gibt
vergessen wir

wo dein Antlitz ist
wo dein Schatten
dunkle Legende in einem Augenblick

6. SZENE:

DICHTER *(Im Bett)*
Gekerbte Tage, mein Gott, Hilfe
Hilf doch
Nichts
Ahnungslos
Nur Wünsche
lauter Träume
geschleppt seit der Geburt

Tage voller Sehnsucht
ohne zu wissen, was sie ist
Tage, dahingelebt
zu einem Ziel, das keins ist
und doch, mit jedem Schritt gesehnt

(Mann dreht sich, stöhnt, gähnt, hustet, steht auf)

Ich huste noch ich lebe noch
ich kann aufstehen
gut so, ich kann mich waschen
ich kann mich rasieren
Da sind die Konservendosen von gestern nacht
Da ist meine Einsamkeit, wie schön

(Er geht zum Tisch. Papiere)

Wie war es?
Wie fing es an?
Gekerbte Tage, ja.
Gekerbte Tage.
Gekerbte Tage mein Gott
Hilfe, hilf doch

Wie schön stehst du da,
als ob du unter einem Baum stündest.

FRAU   Ich stand, bevor ich hierher kam, am Strand
und dachte an dich, wurde müde.
Wie kannst du tagelang in diesem Raum bleiben?
Ich mach mir Sorgen um dich.

DICHTER   Es geht leicht, fast zu leicht.
Ich stelle mir vor, du stehst am Strand

FRAU   Und du siehst mich nackt

DICHTER   Ich möchte über die Ruhe
    des Nachmittags schreiben
    schon bewegt sich der Schatten
    eines Vertriebenen

7. SZENE:

DICHTER   Als ich auf dich wartete
    in einem Café das ich
    das Vorzimmer eines Paradieses nenne
    sah ich den alten Hut an einem Haken
    an dem Gefluche eines Dialektes der Menschen hängt

    Der alte Hut verbirgt nichts
    daß er die Beweggründe verbirgt
    sagt nichts
    Das war das Schweigen

    So schwieg ich auch
    Meine Hände fingen an
    ein Anfang zu sein
    unruhiges Sitzen um mich
    hurtiges Aufstehen dort am Fenster
    plötzliches Stehenbleiben an der Tür.

    Deute ich einen Traum falsch
    oder wurden wirklich zerschlagen
    chinesische Teeschalen
    aus Porzellan

    Draußen suchte die Welt den Rückgang
    eine zerquetschte Honigmelone

hauchte ihren besten Duft in die Menschenmenge
diesen Duft mag ich
wegen seiner Neugierde
für den Tod

Wenn es darauf ankommt
ist jeder Duft neugierig
sagte der Mann
mit dem Ellbogen
und warf eine Gasbombe in die Menge

Ich laufe und falle und stehe auf und laufe
in dem Café über mir der alte Hut am Haken
du bist nicht da
du kommst nicht
ich schreie Sätze
du kommst nicht
ich denke
Inmitten meines Zorns
kommen die anderen und
schleppen mich
um die Welt zu verbessern

An der Wand hängen keine Ketten
kein Blasebalg in der Mitte
keine Zangen
nur ein Stuhl
ein blaues und rotes Kabel
und Steckdosen

Wer hier schreit
sieht eine nackte Frau
umschlungen von einer Schlange
die bist du nicht

Ich sitze da und schreie
Der die Knöpfe drückt
wird auch schreien
Die Kammer
der Stuhl
er und ich
wir sind in einer Hand
die uns alle drückt

Deine Hände zu berühren
mit der Liebe ist eine Wonne
die Liebe zu genießen
mit der Wonne ist
das Berühren deiner Hände
mit der Liebe

Nein nein es lohnt sich nicht
Wer hier ist
vergißt
die Liebe
man schreit nur
Das Lächerliche ist,
da man das Lächerliche denkt
wenn man da nicht stirbt
wird man bestimmt heiser

»Die Balkonblumen bringt man
vor dem Winter
in die Keller
um sie zu schützen

In die Kerker wirft man
die tapferen Menschen
des Landes
um sich zu schützen«

Um das Gefängnis wurde es Frühling
Dein Vertrauen kann wachsen
im Namen des Regens und der Peitsche
Die Stäbe lösen die Hände des Himmels
wie Handschellen fallen die
ersten Lichter
Es ist Frühling

Die Berge ohne Bäume denken
Der alte Bach denkt auch
Das Warten macht alles zu dem,
was es war
Es war Frühling

Die Berge blieben kahl
nur namenslose kleine Wasserfälle
tauchten auf und verschwanden
Wie stolz sind doch die Blumen und das Gras
Es ist Frühling

Ich strecke mich auf dem blanken Boden
und zeige dem Licht meine Hände
mein Vertrauen kann
vielleicht überdauern
wenn es mir doch wärmer wird
auch den nächsten Frühling

FRAU   Außerhalb des Gefängnisses
        Mein Schlafzimmer
        Bilder an der Wand
        Weiße Wände weiße
        Katzen aus weichem Stoff
        Ein Schrank voller Kleider
        ein Taschentuch
        auf dem Nachttisch

Kein Pistolenschuß
kein Schrei
Nur ein wenig naß
das Taschentuch
ein wenig nur
geweint

DICHTER   Die Langeweile der Fahnen
treibt rote Flecke
auf die Brüste
die Hefte, die ich besitze
vermehren sich

Das Meer hebt gleichgültig
seine Skorpionbeine hoch
wir löschen ahnungslos die Leuchttürme
für die Städte der Fremdenzimmer

Plötzlich wissen wir nicht,
wer lief zum Meer
wer löschte die Sonne im Flur
wer war dieser Gast mit der Stille
eines Kindes
mit dem Geruch ferner Schornsteine
unter einem geliehenen Himmel
geht er

8. SZENE:

DER FREMDE   Die Angespanntheit meiner Jugend
berührt mich, will mich umgestalten
wie fühlt sich die Zeit
wenn ich dich berühre
Was bist du so jung

Wurde ich reif oder
verfaulte ich
Wo stünde ich jetzt
wenn nicht bei dir
Wanderte ich nur deinetwegen
Wer zeigte mir dein Land

Noch einmal zum Strand
des Knaben
wieder die Kühle des Meeres am jungen Körper
Ich hätte keinen Sohn
Du wärest nicht geboren
Das Grab des Vaters gäbe es nicht
Eine Erwartung nur
Nur eine Form der Freude
und Traurigkeit
die den Schlaf nicht störte
ich war jung

Gewiß warst du
in dieser Freude
und der Tod in der Traurigkeit

Weder dich noch ihn kannte ich
ich aß viel, las viel
keinen Brief schrieb ich in die Ferne
Kein Brief kam aus der Ferne

Doch ich will nicht zurück, denn
die Erwartung ist stets in mir
Außerdem wie kann ich wissen
daß ich dich nochmals treffe

Der verlorene Sohn soll
in dem Alten bleiben
Ich bleibe bei dir

FRAU   Soll ich verstummen
    oder soll ich die Spiegel zerreißen
    Ich sehe in den Spiegel
    und sehe sie
    Ich sehe in seine Augen
    und sehe mich

8A. SZENE:

DICHTER   Auf meinem Schoß
    aufgescheuchtes Roß
    eine gemalte Flügellosigkeit.
    wer will nicht ein Abenteuer
    so lang wie ein Traum.
    Flüssigkeit
    Flüssigkeit friere ein
    in einer ersehnten Stadt.
    Eine Sucht
    mein Leiden an Flügellosigkeit

    Ich ducke mich
    wie im Schnee
    und bleibe geduckt
    an meinem Tisch,
    den ich doch überlebe

    Was dort meine Augen schließen läßt
    zeigt sich hier an dem Tisch
    ein Sternball aus tausend Galaxien

    Was dort winzig ist und
    trotzdem
    mit Schmerzen nur geduldet
    umfaßt die Welt am Tisch

Um nicht blind zu werden
wachst du auf.

Die gekerbten Tage, die
Selbstgespräche waren

9. Szene:

Tochter   Du kannst kommen, ich bin allein zuhause

Der Fremde   Hinfahrt zur Liebe was für eine Fahrt
Ich gebe Gas und singe dabei
Was ich singe, verändert
die Berge, an denen ich fahre
Das Auto bekommt Hand und Fuß
Ein Zusammenhang zwischen
dem Rückspiegel und Horizont
Ho sage ich meiner Nostalgie
die ich wie eine Peitsche verwende
Hinfahrt
ein Zusammenfließen
des Regens mit dem Asphalt

Tochter   Du kannst kommen, ich bin allein zuhause
Den Osten haben wir
in zwei geteilt
Dem Westen haben wir
die Maulbeere bekanntgemacht
zusammengeschmolzen und getrennt
Pfirsiche und Kürbiskörner
das gleiche Fenster hat uns beiden die
gleichen Sterne gezeigt
Wie Muttermilch haben wir
die Nacht getrunken

DER FREMDE   Du sagtest etwas vom Verzichten
Ich sah Berge, die stürzten
Du sagtest von der Bestätigung
Willst du, daß die Berge stürzen,
fragte ich und eroberte zurück
alle Bruchsteine und zog
meinen Fuß von deiner Wärme

Wenn ich mein Gewicht
mit den Ellbogen leichter mache
verrate ich mich
daß ich denke

Wenn du stöhnst
weiß ich
daß du mir
verziehen hast

9A. SZENE:

EHEFRAU   Nichts haben wir zu tun, ja nichts
mit hochgeschätztem Gleichgewicht
ihres Grams und ihrer gepanzerten Liebe
aus den Fenstern werden geworfen bärtige
Chauffeure einer
Gehirnwäsche
das Buch, Geld und Brot
alle in einem.

EHEMANN   Und ich mache meine Hände sauber
in den Haaren deiner Achselhöhlen

9B. Szene:

Frau   Die Liebe spaltet, wie die Geburt die Zeit spaltet
        bis hinab zu den Schultern
        blutig und müde
        die Nacht.

        Die Liebe spricht nie
        mit Strümpfen aus Nebel um ihre Beine
        mit der Sage eines Krieges.
        Aber sie singt und in ihrem Gesang
        ein Heereszug, der den Kehrreim nachsingt
        Laß mich sein, laß mich sein
        Blasebalg, Sternenfall

        Die Liebe läßt ihren Pelz niedergleiten.
        von den Schultern fallen die nächste Weinernte und
        das morgige Brot
        vom Fußboden springt
        ein Leopard

9C. Szene:

Ehemann   Ich kenne die Welle der Gnade
        nicht
        in meinen Ohren und habe
        in meinem Mund die Kühle
        der Erbarmung nicht erlebt

        Ich kenne nur das Glück
        des Überlebens
        die kurze Freude
        des Gerettetseins

Ich kenne und kenne nicht
die Liebe
Ich suche und suche nicht
die Liebe

Was ich habe
genügt mir nicht
wird mich nicht freuen
was ich haben werde

9D. SZENE:

DICHTER   Mein Abend ähnelt mir
           Er raucht die Nacht
           wie eine Zigarette
           Denn ich drehe die Nächte
           und rauche sie

           Mein Abend liebt im Nu.
           was an Hoffnung
           übrigbleibt, entgeht ihm nicht.
           Denn wir gleichen uns.
           ich halte dich an deinem Handgelenk
           und bringe dich in meine Nacht

TOCHTER   Ich bin mit meiner Tasche,
           mit meinem leisen Gang auf hohen Absätzen.
           Der Wind in meinen Haaren,
           an meinem Rocksaum gefällt mir.
           Ich habe Freude,
           weiß nicht warum.

10. SZENE:

DICHTER   Ich kämmte deine Haare, glühte,
Ich kämmte deine Haare und vergaß, daß
ich deine Haare kämmte
Wenn Gott es mir nicht gegönnt hat
wie kann ich dich besingen
wie kann ich mich über die Zeit freuen

FRAU   Ich denke, der Herbst täuscht,
der Herbst ist ein Gauner
ein abtrünniger
weder Sommer noch Winter ist der Herbst
ein farbiger Märchen-Vogel.

DICHTER   Deine Haare wie meine Jahre
gehören mir
gehören mir nicht

Irgendwo muß ich Seife kaufen
Zahnpasta, den Duft den du magst

FRAU   Das wünsche ich,
das ist meine Pflicht, den Duft
den du magst, aus Paris.

DICHTER   Gedichte werde ich nie mehr schreiben
nie werde ich Wörter untereinander
wie die goldenen Stiegen reihen.

Meine Zeilen werden auf der Wüste
eine Linie löschen. Keine Liebe
sondern ein gerader Fleck. Waagrecht.
gepriesen seien alle Dichter
und

ich kämme Deine Haare, ich werde
dir ein schönes Buch schenken und
den Duft aus Paris nicht vergessen.

Weder Christ noch Moslem
Weder Minnen noch Ehe
vielsprachig doch stumm
wahrlich ich verlange viel

Und ich kämme deine Haare

FRAU   Elektrizität
    eine leise Wissenschaft, unschädlich,
    zwischen meinen Haaren und der Nacht
    voller UFOs, sie spähen die reichen Erzquellen aus,
    die letzten Adern des Goldes und des Salzes.

II. SZENE:

EHEFRAU   Ich bin müde, laß mich schlafen.

EHEMANN   Was dich streichelt
    vor dem Morgenanbruch
    ist nicht der Wunsch
    zum Miteinander
    Der Nebel will nur weggeblasen sein

EHEFRAU   Wer gebiert die Hände und den Fuß
    in dieser Kleinstadt
    die billig kauft und teuer verkauft
    Alles dauert zu lange hier
    die Stille zu lange
    das Einatmen des Verstehens zu lange
    Endlich wird das Gesicht sichtbar

die angenommene Winterlandschaft
der Trauer

kein Traum von einem anderen Leben
diese Früchte anderer Länder
Man ißt sie nur
Das Licht ist selbstverständlich
Das Wort auf allen Landkarten

Der Sonnenaufgang
nach einer Nacht,
die Kinder zu Erwachsenen
die den Traum zum Wein reifen läßt
löscht nicht die Spuren
sie werden nur schwächer

EHEMANN   Was soll man von einer Nacht bewahren

EHEFRAU   Die Liebe will bestätigt sein
    und hat Angst
    vor jedem Beweis

EHEMANN   Ich umarme dich
    was kein Beweis ist
    bevor der Himmel seine Farben wechselt
    und küsse das Umherirren

EHEFRAU   Das Bett hält die Sonne
    und das Meer
    Es hält sie fest
    die Blumen im Topf
    und das Geschirr und
    alle Enttäuschungen

EHEMANN   An die Liebe zu denken ist
    lächerlich
    Rücken an Rücken
    Man sucht nur Zuflucht

12. SZENE:

DER FREMDE   Solange ich deiner gedenke
    die Zeit
    zusammengeschrumpft
    solange ich dich rieche
    verzehre ich die Lebendigkeit

TOCHTER   Meine Träume füllen sich an mit Abschied
    von einer Geburt

    ich lege meine Hand auf Wurzeln der Bäume
    keine Erde die
    die Berührung hindert
    furchtbar

    die Blüten in der Luft
    die Fische im
    Kahn
    meine Liebe

DER FREMDE   Wenn ich auch deiner nicht gedenke
    bleibt sie zusammengeschrumpft und
    stößt die Trauer ins Feuer
    schiebt die Wurzeln zur Kirsche

TOCHTER   Lass die Blickketten zerschellen
    an den Hoffnungen
    deren Hohlheit den Klang der

Enttäuschung erweckt
geschwächte
Weite der Meere mein
toter Tag

DER FREMDE   So wird grausam die Liebe
ich küsse dich
mit grauen Haaren

13. SZENE:

(Café)
TOCHTER   Im Café kennt man uns schon.
DER FREMDE   Ich nehme an.
TOCHTER   Vermuten die Leute, daß wir uns lieben?
DER FREMDE   Wir sitzen da, ernst, zwei Menschen mit einem
    großen Altersunterschied. Die Liebe erwarten sie von uns nicht.
TOCHTER   Sie meinen vielleicht, wir haben ein Verhältnis.
DER FREMDE   Das ja, ein Verhältnis, und werden sich alle
    möglichen Gründe dafür ausdenken.
TOCHTER   An die Liebe werden sie nicht denken. Das finde ich
    herrlich.
DER FREMDE   Du teilst mein Leben
    im Café, im kalten Auto
    in der Dunkelheit der Straßen
    wo ich mich nie wohl fühlte
    trotz der Menschen
    die traurig und ehrlich aussehen
TOCHTER   Du gibst mir deine Hand
    einen Anfall von Freude
    ein Zwielicht der Nacht und des Morgens
    ich wende mich zur Nacht
DER FREMDE   Ob ich dich zu spät gefunden

TOCHTER   Du sprichst von der Zeit
    die weder Lippen noch Tränen hat
    doch sie weint
DER FREMDE   Wieviel Sommer habe ich gesehen
    Wieviel Sommer hast du gesehen
    sind sie schöner gewesen
    wenn du sie mit meiner Liebe vergleichst
    meine Sommer sind vergangen
    meine Liebe die währt weiter

14. SZENE:

FRAU   Es war in meinem Schlafzimmer
    gegen Mittag
    Ich zog meine Hose an
    betrachtete mich selbst im Spiegel

    Ich zog meine Hose aus
    betrachtete mich im Spiegel
    Ich zog meinen Rock an
    hielt mein Gesicht dicht an den Spiegel
    Nichts war verändert
    Ich drehte mich halb
    und schaukelte meine Hüfte
    wie eine Tänzerin
    zweimal kurz nach rechts
    einmal nach links
    und lachte
    und blieb zuhause.

DER DICHTER   Du rufst mich nicht an
    mir bleibt nur das Gedicht
    es ist mein Auto
    mein Gedicht bringt mich schnell

wohin ich will
auch zu dir
die leise spricht

Mein Gedicht kennt seit zehn Tagen
nur Schnelligkeit
küßt die Freundschaft deiner Brustwarzen
sucht warme Landschaften
an deinem Körper
für seine Zehe

Mein Gedicht riecht
wenn du schon lange weg bist
deinen Duft in meinen Armen
den Himmel voller Sterne vergißt es,
gerne bekehrt es sich
zur Gleichgültigkeit
und schläft ein

FRAU   Ich bleibe zuhause
und lache nicht.
Er aber geht wie ein Falter
und sucht Liebesgedichte.
Er ist meiner sicher.

15. SZENE:

DER FREMDE   Wo warst du? Warum hast du so lange nicht
angerufen?
TOCHTER   Warum sprichst du so mit mir?
DER FREMDE   Wenn du alles langsam und ohne allzuviel
Geräusche machen willst, so machst du es sehr gut.
Wenn du vorhast, daß ich mich langsam daran gewöhne, an die
Kälte, dann hast du etwas gutes vor.

TOCHTER   Warum sprichst du so mit mir?

DER FREMDE   Warum verstehst du nicht,
daß dies alles nicht nötig ist?

Nein, ich werde keinen Lärm machen.
Ich werde ganz langsam die Tür hinter mir schließen.

An die Kälte habe ich mich schon vor dir gewöhnt.

TOCHTER   Warum sprichst du so mit mir?

DER FREMDE   Am Anfang hast du mehr Gelegenheit geschaffen
damit wir uns sehen.

TOCHTER   Ja, am Anfang wagt man mehr.
Wir haben viel gewagt.
Wir waren sehr unvorsichtig.
Das mußt du einsehen.

(Pause)

DER FREMDE   Das Meer läßt Spalten zurück
Die Sonne sticht
Dies alles tröstet mich nicht
Ich habe dir wehgetan

TOCHTER   Die Hälfte deines Kusses ist bei mir

DER FREMDE   Auch die Blumen
vergessen ihren Duft irgendwo
Als der Nachmittag kam
lief ich zu dir
Irgendwann muß doch das Leben
anfangen

Wie ein Meer werde ich allmählich unsichtbar
wie die Sonne
stechen und verlassen
Selbst der Mond sucht für sich
einen neuen Himmel
um hinein zu stürzen
ich gelange in die Nacht
was dann

TOCHTER   Rechts von mir
vergilbte Bilder aus einem Traum

DER FREMDE   Links
fast auf meiner Schulter
Reue wie Schneehaufen

Es wird ein Vogel aufflattern
sagt man, wenn man stirbt
Habe ich nichts anderes zu tun
als zu glauben

16. SZENE:

DER FREMDE   Kein Anruf von der Geliebten
Ich habe Sehnsucht nach ihr
was genügt einem der
auf einer Bank
verlassen wurde

Vielleicht picken die Tauben
an seinem Haupt vielleicht
regnet es auf ihn
damit er nicht vergißt
seine Lage, die Lage der Welt

Wer verläßt einen auf einer Bank
wenn er sich selbst nicht verläßt

Frau   Die Liebe will
nicht geteilt werden
verträgt keine andere Zuneigung

eher beschlägt sie
wie eine Fensterscheibe
versteckt
die Weide
den langen Lauf
der schönen Pferde

sie kennt keine Nächstenliebe

17. Szene:

Dichter   Damit sei es vollendet
Das ist unsere Nacht
mit dem Blick in den Himmel.

Sei vollendet
Bitternis
am Horizont der letzten Stadt

Sei, aber womit erklingt es?
Das ist unser Märchenende
wenn es anbricht, das Ende,
was gilt schon das Märchen

Vollendet sei
das Streicheln
durch deine Haare

FRAU   Mit dem Wort fängst du an
    löschst die Städte
    deckst mich wie die Asche der Märchen
    was gilt mir dein Streicheln, das
    so schwer wie Erdbebensteine
    rutscht und zerbricht an
    der Liebe
    Sei du vollendet
    vollendet

DICHTER   Am morgen
    sah ich es
    über der Stadt
    ein Denkmal richtete sich empor
    ein heller Leib

    ich hatte keine Zeit
    mein Gesicht zu waschen
    zu beten
    alle Möwen des Hafens
    durchstoßen mich

FRAU   Deine alte Lerchenstimme
    läßt die Möwen töten
    die Raketen sind dagegen
    glänzende Körper nur

    du hast schon recht
    hast ja nie gesehen
    wenn eine Rakete emporsteigt
    fällt herab eine andere

    du hättest keine Zeit mehr
    traurig zu sitzen und zu weinen
    also
    laß die Möwen in Ruh

DICHTER   Laß du mich träumen
wie die Kinder träumen
ohne den Tod die Angst
mit dem Rauch eines Schornsteines
die Freude

Laß mich daß ich über
deine Lippen spreche
mich über deinen Lippenstift freue

Laß mich erleben die Welt und die Liebe
beim Streicheln deiner Haare
Gönne mir das Lächeln der Mütter

FRAU   Berühre mich, wenn du willst
wie der Pflug die Erde aufreißt
wie der Schnee, der die Saat warm hält

DICHTER   Zeige mir das Lächeln der Mütter
Schlafe der Kinder Traum
wenn du kannst

Ich bin kein Riß in der Wand
ich schreibe Wörter der fernen Verwandten
auf die Papiere, die ich verbrenne
lerne sie auswendig und verbrenne sie
was ist das für eine Liebe mit Angst
wozu noch dieser Winter
den ich nicht mit dir teile

18. SZENE:

TOCHTER   Laß endlich sie zu dir kommen,
aus Häusern, die du nie vergißt

und aus schmalen Gassen
den Geruch der kargen Mahlzeiten
den Schatten des Pflaumenbaumes
den du nie vergißt
laß sie endlich kommen
die alten Frauen
mit weißen Kopftüchern und
bunten Märchen
wenn sie so wichtig sind für dich

Du kannst nicht hingehen
viel Hunger und Not drinnen
viel Sterben, das erträgest du nicht
an so viel Leere hast du dich gewöhnt

Du kannst nicht zurück
mit deinem weißen Bart
mit deinem Auto
wo kannst du es parken?
die Gassen waren so eng
und deine Sprache ist
nicht die der Märchen

Keinen Tropfen Zeit hast du
für die Rückkehr
sie ist hart
führt an Lehmhäusern, die rissig sind,
vorbei

Mit einem Flugzeug
nackt ins Meer zu tauchen
willst du auch nicht
also hol endlich
die Wassermelonen her
laß die Toten in ihren Gräbern

hol den Schatten des Pflaumenbaums
und versuche dich zu erinnern
an die Decke, mit der dein Vater
dich zudeckte
in einer Nacht
erinnere dich an jene Nacht
an den großen Eßtisch
in der Küche
ältere Brüder,
Schwägerinnen an einem Tag
wo man viel Salat aß
schäme dich nicht
daß du das Gesicht deiner ersten
Lehrerin vergessen hast
doch den Riß
an der Wand
am Fußende deines Bettes
genau weißt
schäme dich nicht und
erinnere dich an den Riß

DER FREMDE   Ich möchte das Leben eines Waffenhändlers
    bis zum Ende sehen
    wie die Kinder
    nach den stürzenden Drachen spähen
    ich fürchte hier endet die Fremde

19. SZENE:

DICHTER   Es gibt noch Herzen, die
    lauter klopfen als
    Maschinenpistolen
    Es gibt Liebende

Es gibt Liebende mit denen
wir die Welt teilen
Laß mir diese eine Hoffnung

FRAU   Das ist doch das Schwanken
des leeren Kübels
in dem kühlen Brunnenschacht
Schneide ab das Seil
ein Licht erlischt
sinkend

Das Schiff hält den Hafen nicht
der Hafen hält das Meer nicht
Jeder Kuß wie
ein Eiszapfen fällt ab schimmernd
Wo hast du geschlafen.

20. SZENE:

DER FREMDE   Für unser Bett suche ich
Apfelsinen Erdbeeren
rote Weintrauben

TOCHTER   Für unser Haus brauchen wir
Hammer Stein und Zement
was bringt man
zu einer Liebe

DER FREMDE   Der Tag ohne Liebe mit dir
ohne die Wärme deines Frühstücks
ohne deinen Lippenstift mit dem Erdbeerenduft
ist ein langer Tag

TOCHTER   Es ist ein langer Tag
       voll mit verrückten Katzen
       voll mit Unsichtbaren um mich herum
       die geräuschvoll und unsichtbar enden

DER FREMDE   Daß ich nicht taub werde
       von neuem
       in dem riesigen Uhrwerk
       denke ich an dich
       die du schön angelegt bist
       an den Kieselsteinen eines Strandes
       an der kühlen Weinrebe

       ich denke an dich
       und atme
       ich atme und gewöhne mich
       zu entschuldigen
       wegen des Tages
       der zu Ende geht
       und ich suche vergebens weiter
       Sand und Hammer
       und Geranien für unser Haus

TOCHTER   Am Morgen wachen wir auf
       mit den Wolken
       du und ich und die Wolken
       auf unseren Stirnen
       die Röte des Himmels
       weder jung noch alt
       wachen wir auf

DER FREMDE   Ich muß meine Nächte verbringen
       fern von dir
       ich muß dich am Tage
       heimlich sehen

es ist ein Glück
daß uns
eine Umarmung gelingt

TOCHTER   Eine Beschwichtigung
aufgeweckt
von den Bergen
die ihre Einsamkeit meißeln

Das Irren
gewählt von den Winden
die ihre Richtung suchen

DER FREMDE   Weine nicht vor Glück
das ist der Anfang
der Trennung
die nahe liegt

nein, weine nicht vor Glück
Vergeude deine Träne nicht

PROSA

SIEHST DU NICHT, MEIN KIND, WIE SEHR DER BODENSEE DEM MARMARAMEER GLEICHT?

Ich muß die alte Dame im Krankenhaus besuchen. Ich mag sie. Sie ist eine gute alte Dame. Andererseits muß ich die Müllabfuhrfrage lösen, Übersetzungen machen, Geld verdienen. Und eine Nichte oder Base oder wie sie auch genannt werden mag, möchte ich sehen. Ich habe Sehnsucht nach ihr. Irgendwie weiß ich, daß der Müllabfuhrwagen am Montag morgens um 8 Uhr kommt.

Zu früh für mich. Und dann kommt er am Donnerstag Mittag so gegen halbeins. Die Zeit ist zwar günstig, so daß ich ihn am Donnerstag nicht verpasse, doch kann ich nicht immer auf den Donnerstag warten, nur damit ich den Abfall loswerde.

Obwohl ich allein lebe, sammelt sich ein Haufen Abfall in meinem Zimmer an: Bananenschalen, Konservendosen und Papiere, Zeitungen und wieder Papiere. Die Papiere vergilben, wenn sie lange irgendwo liegen, aber sie stinken nicht. Viele andere Dinge stinken regelrecht. Deshalb muß ich sie schnell loswerden. Zuerst versuche ich es mit Nylontaschen, die man hier im Lande in jedem Geschäft bekommen kann; manchmal sogar kostenlos, wenn die Verkäuferin Sie öfters gesehen hat oder wenn Sie viel eingekauft haben. Da ich aber selten einkaufen gehe und, was ich kaufe, nicht ausreichend ist, um eine Nylontasche geschenkt zu bekommen, muß ich sie extra bezahlen.

Da die Müllabfuhr solche Säcke nicht annimmt, ging ich eines Tages auf einen Parkplatz und warf sie, indem ich mich vorher vergewissert hatte, daß mich niemand beobachtete, in einen Abfallkorb. Es war ein Abenteuer, das mich beschämte, obwohl ich nicht sicher bin, daß ich gegen Vorschriften gehandelt habe. Deshalb hab ich an einem Donnerstag auf die Müllabfuhr gewartet und vom Fahrer 10 große, schwarze Säcke gekauft. Die waren auch aus Nylon, darauf stand aber

»Müllabfuhr Feldkirch«, dreimal untereinander. Sie wurden schnell verbraucht.

Da ich nicht wie ein Ausländer aussehe, trotzdem in gebrochenem Deutsch spreche und deshalb ein Ausländer bin, empfahl mir der Fahrer, beim Müllabfuhrzentrum eine billige, gebrauchte Mülltonne zu kaufen. Ich bedankte mich bei ihm für den guten Tip. Zuerst fand ich es auch selbst eine gute Idee, nachher allerdings umständlich, erstens deshalb, weil ich nicht soviel Geld auf einmal ausgeben wollte, zweitens wollte ich nicht bis nach Gisingen gehen, damit ich zu einer Tonne komme, und außerdem, wer wußte, wie lange ich noch in diesem Haus wohnen würde? Dann würde ich dastehen mit einer Mülltonne, wüßte nicht wohin damit, wofür wäre ich bis nach Gisingen gegangen und hätte soviel Geld ausgegeben. Andererseits wäre es natürlich vorteilhafter, wenn ich eine Mülltonne hätte, aber wie gesagt, ich hatte auf einmal keine Lust dazu.

Wenn ich die Müllabfuhrfrage irgendwie gelöst hätte, würde ich meine Papiere nicht hergeben. Zwar sind sie genauso wie die Zigarettenstummel, Obstschalen, Brotkrusten oder Glasscherben einfach wegzuwerfen; ich hatte aber keine Kraft dazu.

Ich liebe die Papiere, auf denen ich, ohne zu denken, etwas geschrieben und gekritzelt und die ich mit dem Teeglas befleckt habe. Wie meine Nachbarin, die ihre Jugend in den Schubladen bewahrt und ab und zu darin wühlt, suche ich zwischen diesen Papieren einen Satz, der mich glücklich macht, der mich die Welt um mich für eine Zeitlang vergessen läßt.

Wenn ich die Müllabfuhrfrage irgendwie gelöst hätte, würde ich vielleicht heute die alte Dame besuchen. Lieber beobachte ich mit einem Hund die Welt durch einen Türspalt.

Ich tue, als ob ich den Satz mit dem Hund und dem Türspalt schreibe. Ich bemühe mich zu sehen, sehe, was verlogen ist, sehe nichts, ich träume.

Meine Hände greifen nach den Wörtern
Die Wörter weichen aus
Ich suche sie in den alten Kleidern
Zwischen vergilbten Papieren

Finde nur, was verlogen ist
Was funkelt pechschwarz
Reime Klage mit Plage
Ruhm mit Rum

Du aber schläfst
Weit wie die Sterne
Den Schlaf der Kinder
Aus Kinderzorn ist dein Erwachen
Am Rande der Träume
Wenn du einschläfst
Schläfst du lächelnd

Sicherlich sind jene Schiffe im Hafen
Wie deine Träume schlicht und schön
Gib mir deine Träume mein Kind
Für eine einzige Nacht
Gib mir deine junge Stimme
Für einen einzigen Schrei

Gegen Meere mit Möwen möchte ich
schreien
An die Hoffnung und Freude

Immer hatte ich vor, die Geschichte meiner Kindheit zu schreiben.

Ich bringe sie nie zu Ende. Nicht deshalb, weil ich wenig geschrieben
habe, im Gegenteil. Ich habe viel geschrieben. Ich habe sogar das, was
ich geschrieben habe, einem Verleger gezeigt. Er will es bald drucken. Er
ruft mich an und fragt, wann ich endlich damit fertig werde. Er ist ein
junger Verleger. Der kann natürlich nicht viel bezahlen. Ich bin aber
auch kein Solschenizyn. Ah, ich muß etwas unternehmen. Ich muß einkaufen gehen. Ich muß die alte Dame im Krankenhaus besuchen. Ich
warte auf meine Base. Sie kommt nicht. Ich höre stundenlang Tschai-
kowsky. Sag mir von der Rückkehr.

Wenn ich nicht an das Geld denke, das heißt, an den Lebensunterhalt, dann träume ich weiter. Ich bin alt, vielleicht deshalb träumte ich neulich von einer ganz jungen Frau.

Ich sah sie in den engen Gassen zwischen Mülltonnen. Sie hatte ein weißes Kleid, hatte keine Strümpfe, war barfuß. Sie kam mit gestreckten Armen, lächelnd, in meine Arme. Ich wurde angesteckt mit Liebe. Wir fanden uns in einem Zimmer, das mein war. Die Fenster mit dicken Vorhängen, die sie zumachte. Dadurch war es halbdunkel, die Atmosphäre in schwarzweiß, nur in manchen kleinen Flecken leuchtete etwas Rotes, mehr braun als rot. Ihr Haar zerschmolzen, ihr weißes Kleid. Ich wußte, daß wir uns liebten und bekamen zwei Kinder. Sie fragte mich manchmal, ob ich wüßte, wo ihre Strümpfe seien. Wir suchten zusammen ihre Strümpfe. Manchmal fragte sie nach ihrem weißen Kleid, wir suchten zusammen ihr weißes Kleid.

Einmal sagte ich:»Du warst barfuß und hattest keine Strümpfe.«
»Ja«, sagte sie,»damals, damals ging es, damals war es so. Aber wie kann ich jetzt auf die Straße ohne Schuhe, ohne Strümpfe, ohne weißes Kleid.« Und doch gingen wir am Morgen durch die gleiche Gasse, wo unsere Kinder zwischen den Mülltonnen spielten, zum Strand. Und schauten ins Wasser, als ob wir vor einem Schaufenster voller Strümpfe, voller weißer Kleider stünden. Ich küßte sie, küßte das Meer, die müde Sonne, küßte meine Kindheit, meine Zukunft, küßte an ihren jungen Lippen den Abschied und wachte auf, der Abschied, der blieb in mir.

Merkwürdig, wie lange dauert so ein Traum, und doch erlebt man die ganze Armut, das ganze Eheleben in einem einzigen Traum. Während ich so sitze oder von einem Fenster zum anderen gehe, liegt meine alte Nachbarin im Krankenhaus.

Ihre Wohnung ist in dem gleichen Stockwerk wie meine. Weil sie keine Verwandten hatte, und ich auch allein war, besuchte sie mich öfters. Ich kochte für sie Tee, wir rauchten zusammen. Und eines Tages bekam sie einen Hirnschlag.

Jetzt liegt sie im Krankenhaus.

Sie erzählte mir oft von ihrem seligen Mann, der einmal nach dem Krieg sehr gut verdient hatte, aber mit seinem frühen Tod meine alte Freundin in ihrem besten Alter allein ließ. Von all den Wohnungen, die er gebaut hatte, blieb der Frau nichts. Was sie hatte, ging rasch unter den Händen weg.

Nein, ich muß sie bald besuchen.

Und meine junge Freundin, sie kommt seit einer Ewigkeit nicht zu mir. Von welcher Seite ich auch auf sie schaue, meine Nichte trägt Ohrringe; sie trägt Ohrringe, wenn ich sie nackt sehe, schöne, große Ohrringe. Ich glaube, sie küßt sie, wenn sie schlafen geht. Sie küßt sie und legt sie in einen Kasten voller Ohrringe.

Ihre Ohrringe zeichnen ihr Alter auf die Rechnungen. Die Rechnungen wiederum zeichnen den Namen eines bestimmten Mannes, der als Dritter meine Träume zeichnet, fürchterlich. Ich schaue auf sie am Tisch beim Essen, im Auto schaue ich auf sie, ich schaue auf sie, wenn wir Musik hören, wenn wir über die Möglichkeiten einer Stimme reden, die unter schweren Bedingungen, wie beim Erdbeben, beim Autorennen, beim Ertrinken, beim Stillschweigen, nachdem man eine Nachricht gehört hat vom Radio, bei der Liebe den Notruf heult: Z. B. Hilfe! helft doch! sagt, sehe ich immer mindestens einen ihrer Ohrringe und werde traurig.

Gerade in solchen Augenblicken wird meine Stimme wie die eines Kindes. Meine Nichte rückt näher, sagt, sei nicht so, ja, nicht so. Was sie damit sagen will, weiß ich nicht. So sagt sie, wenn ich auch nichts gesagt habe, ich meine, wenn ich nicht mit meiner Kinderstimme gesprochen habe, wenn ich seit geraumer Zeit geschwiegen habe. Mütterlich wird sie. Beugt sich über mich und sagt: »Das ist ja nicht so schlimm, alles geht vorbei. Mach dir keine Sorgen. Du machst es dir wirklich sehr schwer.«

Öfters treten Wände zwischen uns, Papiere, Übersetzungen der Leumundszeugnisse, der Ausweise, die immer den gleichen Text haben.

Vor einigen Tagen kam sie zu mir, als ich gerade aufhörte, auf sie zu warten. Ich wollte unter die Menschen gehen und mir ein Brot kaufen. Da kam sie. Mir schien, daß es draußen kalt war, daß sie fror.

Ich fragte sie, ob ich den Ofen heizen sollte, ob sie etwas Warmes trinken wollte; sie sagte: »Nein.«

Sie saß auf meinem Bett; ich stand vor ihr. Sie saß, ihre Hände zwischen den Knien, ihre Tasche hing lose zwischen den Beinen, fast den Boden berührend.

Auf ihrer Stirn waren kleine Schweißperlen. Ich fragte sie, ob es draußen regne. Sie sagte nein. In solchen Momenten, die leider zu oft vorkamen, wünschte ich mir, daß ich mehr davon in Erfahrung brächte, was draußen vor sich geht. Man sollte den Vorhang dann und wann öffnen, die Ohrwatte herausnehmen, den Kopf zum Fenster hinausstrecken. Dies alles hilft; man fragt dann nicht sehr viel. Man hört dann nicht oft nein als Antwort. Man kann Gespräche führen.

Aber wenn ich in meinem Zimmer bin, tue ich nichts anderes, als auf sie zu warten. Ich hüte mich, etwas zu tun, was mich daran hindern könnte. Man darf sich aber nicht vorstellen, daß ich nichts tue, wenn ich warte. Ich öffne ein Buch und zähle die Akkusative auf der Seite 5 und lese einen Satz: Es ist noch nicht Zeit. Ich sage für mich hin, und das zum ersten Mal, daß ich kurze Sätze liebe, weil sie zu verschiedenen Gedanken passen, weil sie vollständig und leicht verständlich und vielleicht gerade deshalb unglaublich beweglich sind. Aber dieser Satz: Es ist noch nicht Zeit. Was bedeutet dieser Satz? Handelt es sich dabei um die Zeit, in der es eine Revolution geben wird; oder geht es um die Zeit, in der man etwas unterschreibt? Ist es die Zeit des Krankenbesuches?

Es ist auch gleichgültig.

Ich weiß, diese schöne junge Frau, die mich besucht, ist eine heimliche Freundin, jung und schön.

Wohin ich auch gehe, bin ich in meine Base verliebt, oder in meine Nichte, oder in meine Freundin?

Ich nehme sie auf meinen Schoß, ich streichle ihre schönen Haare und spreche mit ihr über alles, ohne mich zu schämen. Die Geschichte ist überall die gleiche. In einem neuen Land glaubt man, ein neuer Mensch zu sein, man hat vor, ein besserer Mensch zu werden. So glaube ich in einem neuen Land, daß ich endlich meine Base überrede. Nirgendwo gelang es mir. Weil sie eine ganz junge Frau ist, ziehe ich es vor, sie mein Kind zu nennen. Mein Kind, sage ich ihr, mein Kind, in diesem Land, dessen Sprache mir fremd ist, fühle ich mich sehr einsam. Es ist langweilig hier, siehst du nicht, mein Kind, wie sehr der Bodensee dem Marmarameer gleicht?

ANHANG

NACHWORT

Österreich in den 1960er und frühen 1970er Jahren. Das Land befindet sich nach den bewegten Jahren des Krieges endlich wieder im Aufschwung, die Wirtschaft prosperiert, die Arbeitslosigkeit ist nahezu bei null. Mit einer Arbeitslosenrate von lediglich 2,9 Prozent erreicht Österreich 1961 beinahe die Vollbeschäftigung – gleichbedeutend mit einem starken Arbeitskräftemangel. Es gibt mehr Arbeit als Arbeitskräfte.

Die Lösung: gezielte staatliche Anwerbungen ausländischer Arbeiterinnen und Arbeiter. Bilaterale Verträge unter anderem mit Spanien, der Türkei und Jugoslawien werden geschlossen. Zu diesem Zeitpunkt ahnt hierzulande wohl noch kaum jemand, welch breite Migrationsbewegung in den Folgejahren entstehen würde, die tiefgreifende Umwälzungen der sozio-kulturellen Landschaft Österreichs zur Folge haben und das vorherrschende Selbstverständnis von österreichischer Kultur als ein in sich abgeschlossenes, homogenes System grundlegend verändern sollte.

Speziell das westlichste Bundesland Vorarlberg verfügt mit dem Walgau und dem Rheintal über hochindustrialisierte Regionen und gilt neben Wien als eines der wichtigsten Zielländer der damals noch als ›Gastarbeiterinnen‹ und ›Gastarbeiter‹ bezeichneten Menschen. Am ersten Höhepunkt der Zuwanderung 1973 leben rund 24.000 vornehmlich türkische und jugoslawische Arbeitnehmerinnen und Arbeitnehmer in Vorarlberg – umgerechnet 22 Prozent der unselbständig Beschäftigten. Im Vergleich dazu liegt der österreichische Durchschnitt damals bei etwa 8 Prozent.

Ein kultureller Austausch zwischen den Menschen der Entsendeländer und jenen der Aufnahmeländer ist aufgrund des geplanten Rotationsprinzips zu keinem Zeitpunkt angedacht. Die ›Gastarbeiterinnen‹ und ›Gastarbeiter‹ werden lediglich auf ihre ökonomische Funktion reduziert, auf die Funktion, die heimische Konjunktur sicherzustellen. Als Anreger oder gar Impulsgeber für die Kultur der ›Gastgesellschaft‹ wollen sie nicht wahrgenommen werden. Trotz vereinzelter Initiativen seitens gewisser Betriebe und Institutionen ist eine Integration im Alltag nur sehr schwer möglich. Hinzu kommt, dass die ›Gastarbeiterproblematik‹ medial nur kaum bis gar nicht thematisiert wird. Und während innerhalb der Politik noch lange Zeit Uneinigkeit darüber herrscht, ob und inwieweit die westlichen Aufnahmeländer zu Einwanderungsgesellschaften geworden waren, begannen sich viele der zugewanderten Menschen, deren Muttersprache nicht Deutsch war, längst kulturell wie literarisch zu artikulieren. In Deutschland traten in den 1970er Jahren etwa Aras Ören (1939), Yüksel Pazarkaya (1940) oder Güney Dal (1944) früh literarisch in Erscheinung und verschafften den mitunter gravierenden Erfahrungen ihrer türkischen Landsleute im Aufeinandertreffen mit der westlichen Gesellschaft eine Stimme.

Zu diesen frühesten Stimmen der deutsch-türkischen Literatur, speziell in Österreich, zählt auch Kundeyt Şurdum. Als Nachfahre einer verarmten tscherkessischen Adelsfamilie weiß dieser schließlich nur allzu gut, was es heißt zu wandern, zu fliehen, verfolgt zu werden, er weiß um die Bedeutung, in der ›Fremde‹ leben zu müssen; denn als Kundeyt Şurdum 1937 als jüngster von fünf Brüdern im türkischen Konya zur Welt kommt, hat sich die Erfahrung von Flucht und Wanderung längst tief in das Stammbuch der Familie eingeschrieben.

1864: Die Tscherkessen werden nach einem über zweieinhalb Jahrhunderte andauernden Kampf gegen die Russen aus ihrem kaukasischen Stammesgebiet vertrieben. Viele von ihnen wandern in das Osmanische Reich, manche gar nach Jordanien oder Syrien aus. Doch der Großteil der Tscherkessen siedelt sich in Anatolien an, wie auch Kundeyt Şurdums Großeltern. Und obgleich viele von ihnen – so etwa auch Kundeyt Şurdums Vater beim türkischen Militär – Zugang zu Bildung und Karriere erhalten, bleibt den Tscherkessen das Minderheitenrecht verwehrt – bis heute. Sie blieben »landlos«, Gäste; und ihre Kinder, Kundeyt Şurdums Eltern: geboren »unter einem geliehenen Himmel«.

Das Tscherkessische, seine Muttersprache, hat Kundeyt Şurdum nie gelernt; erzogen wurde er in der türkischen Sprache. Die sprachliche und kulturelle Assimilation der Tscherkessen in der Türkei hatte zur Folge, dass sich in der Diaspora keine tscherkessische Schriftsprache entwickelte. Für die schriftliche Kommunikation bediente man sich etablierter Schriftsprachen. Şurdums sprachliches Erbe der Tscherkessen versiegte allmählich im Türkischen. Aber auch das Türkische sollte sich in den nächsten Jahren für Kundeyt Şurdum bald relativieren.

Mit vierzehn Jahren, Kundeyt Şurdum war mit seiner Familie längst nach Üsküdar auf der asiatischen Seite Istanbuls gezogen, wird er auf Geheiß des Vaters am St. Georg College, einem österreichischen Auslandsgymnasium, gemeldet. Das Deutsche wurde somit früh zu seiner Bildungssprache. Und schon während seiner Studienzeit in Istanbul, Şurdum studiert Germanistik, Kunstgeschichte und Archäologie, überträgt er unter anderem Gedichte von Ingeborg Bachmann, Paul Celan und Karl Krolow sowie Texte von Georg Lukács ins Türkische. In den 1960er Jahren – noch während seiner Studienzeit – besucht er mehrmals die Bundesrepublik Deutschland, bevor er 1971 infolge des Militärputsches in der Türkei als politischer Flüchtling schließlich und endgültig mit seiner Frau in den deutschen Sprachraum, nach Österreich, zieht.

Eben dort trifft Kundeyt Şurdum auf seine hart arbeitenden und unter teils prekären Bedingungen lebenden Landsleute. Er setzt sich für sie ein, beschäftigt sich mit den Auswirkungen und Herausforderungen, welche im Zuge der ›Gastarbeitermigration‹ entstanden sind. Şurdum unterstützt sie als Dolmetscher, zeigt pädagogisches wie soziales Engagement und unterrichtet türkischsprachige Kinder in ihrer Muttersprache, gestaltet als Journalist türkische Radiosendungen beim Österreichischen Rundfunk, etabliert mehrsprachige Printmedien. Und er dichtet, er dichtet in deutscher Sprache. Sein wichtigstes Sprachrohr ist die Lyrik.

In dieser artikuliert sich zunächst die Suche nach den Worten, das Erkunden neuer sprachlicher Landschaften, der Versuch eines Begreifen-Könnens der eigenen Migrationserfahrung, der Erfahrung zwischen ›Fremdem‹ und ›Eigenem‹ mittels Sprache:

aufregend ist es das reiten
auf unbekannten ebenen
stolpern auf den fremden steinen
sich freuen nach einem gelungenen sprung
über einen bach
in meiner deutschen sprache[1]

Der Dichter will und muss das Wesen dieser fremden (formal in der Türkei erlernten) Sprache erst erkunden, das Gehen »auf den fremden steinen«, »das reiten auf unbekannten ebenen« erst erlernen, um die alltäglichen Erfahrungen der neuen kulturellen Umgebung sprachlich greifbar zu machen. Ist dieser »Sprung« erst einmal »gelungen«, bemächtigt sich der Dichter seiner angelernten, adoptierten Sprache, schweigt nicht, reagiert auf die Dinge, die sich ihm in der ›Fremde‹ zeigen, auf den vorherrschenden Zeitgeist.

So handeln viele seiner Gedichte von zeitnahen Themen der sozialen, politischen und allgemein menschlichen Zustände. Der Dichter sucht seine literarischen Stoffe und Themen in alltäglichen Erfahrungsbereichen – in seinem Alltag, aber auch im Alltag jener Menschen, die ihn umgeben. So rückt Şurdum die Migrationserfahrung sowie Reflexionen über die Herausforderung im Aufeinandertreffen mit der neuen Heimat in den Mittelpunkt seines Schaffens. Er stellt das ›Gastarbeiterschicksal‹, den Migranten als Figur literarisch ins Zentrum:

Im ersten Jahr Gastarbeiter, im zweiten
Jahr Gastarbeiter,
im dritten Jahr Gastarbeiter,
mit schwarzem Schnurrbart,
Gastarbeiter,
mit gebücktem Rücken,
Gastarbeiter.[2]

---

1 Siehe S. 141.
2 Siehe S. 182.

Anhang

Das Gedicht bringt zum Ausdruck, wie prekär die Situation vieler ›Gastarbeiterinnen‹ und ›Gastarbeiter‹ wirklich ist. Selbst nach drei Jahren
schwerer körperlicher Arbeit im Dienste der heimischen Wirtschaft hat
sich der soziale Status der zugewanderten Menschen aus der Türkei nicht
wesentlich geändert. So erlangen diese allmählich traurige Gewissheit,
dass sie über Jahre hinweg sowohl auf dem Arbeitsmarkt als auch (und
vor allem) in der sozialen Rangordnung auf der untersten Stufe der Gesellschaft verharren werden müssen. Der ›Gastarbeiter‹ bleibt Gast und
Arbeiter.

Eine bemerkenswerte Intensität entfaltet diese Dimension insbesondere auf der klanglichen Ebene des Gedichtes. So führt der redundante
Sprachgebrauch (insbesondere des Wortes ›Gastarbeiter‹) nicht nur zu
einer bemerkenswerten Verinnerlichung der schier ausweglosen Situation der türkischen Zuwanderer, sondern verweist in seiner fast schon in-
flationären Verwendung auf den bisweilen leichtfertigen wie unkriti-
schen Umgang mit dem Wort im öffentlichen Diskurs.

Doch ist es keineswegs nur die Erkenntnis der Illusion des sozialen Aufstiegs im Gastland, die sich in diesen Versen manifestiert; denn nach der
schweren Trennung vom Heimatland folgt der nicht weniger schwere
Abschied, die Einsicht der Unmöglichkeit einer erfolgreichen Rückkehr.

Gezeichnet von der Härte der Arbeit und »mit gebücktem Rücken«
verbleibt der ›exotische‹ Zuwanderer – verbildlicht im »schwarzem
Schnurrbart« – mit der Erkenntnis, dass eine schrittweise Veränderung
seiner sozialen Lage eine Utopie bleiben wird, sich die Gelöbnisse der
Politik sowohl der Aufnahme- als auch der Entsendeländer als leere Versprechen erweisen würden:

> Schritt für Schritt Verbesserung,
> sagten die Politiker und
> blieben einen Schritt zurück,
> vorsichtshalber. Und die neuen Politiker sagen
> dasselbe.[3]

---

3   Siehe S. 194.

Die Betroffenheit über die Ignoranz und das Handlungsunvermögen der Politik gegenüber der Anliegen aller am Migrationsprozess beteiligten Akteure ist in den Gedichten Şurdums selbstverständlich wie nachvollziehbar; stellen sich doch viele seiner Gedichte deutlich in den Dienst einer Sache: die Gesellschaft der Aufnahmeländer für die Lebenswelten der immigrierten Menschen zu sensibilisieren, um diesen mittel- bis langfristig einen akzeptablen sozialen Status zu sichern. Die schweren Arbeitsbedingungen der ›Gastarbeiterinnen‹ und ›Gastarbeiter‹ sowie die schier unüberwindbaren Gesetzesbestimmungen macht er daher ebenso zum Thema seiner Gedichte wie die mitunter prekären Wohnverhältnisse oder die soziale Isolation der zugewanderten Menschen:

> Ich sitze da und schaue auf den Berg
> Allein und einzig steht er da
> Wenn er mich ansieht, wie ich ihn sehe
> So sagt er sicherlich
> Da sitzt einer allein[4]

Kundeyt Şurdum – ein politischer Dichter? Die Antwort gibt er selbst:

> Ich schreibe etwas Alltägliches. Das heißt aber nicht, dass die Politik für mich unwichtig ist. Ein Schriftsteller kann die Politik, die Weltgeschehnisse nicht beiseitelegen. Das ist unser Leben. [...] Ich finde es wirklich furchtbar schlecht, wenn die Menschen vor diesen Ereignissen teilnahmslos sitzen und ihr Bier trinken. Also in diesem Sinne sind meine Gedichte politisch.[5]

Şurdums literarische Überlegungen sind dennoch zu keinem Zeitpunkt von Parteilichkeit, ideologischen Diskursen oder Ressentiments gekennzeichnet. Er klagt nicht an, bezieht keine Stellung, er zeigt alltäglich Beobachtetes auf, protegiert den Blick auf die menschliche Beziehung. So

---

4   Siehe S. 51.
5   Kundeyt Şurdum mit dem Großen Verdienstkreuz des Landes Vorarlberg ausgezeichnet. In: Literaturjournal. Ö2 Radio Vorarlberg. 20.03.2003.

sprechen aus den Gedichten bisweilen auch latente Zeichen der Distanz zum Verhalten seiner Landsleute. Er mahnt:

[...]
Sei dir bewußt
suche den Grund nicht
Freu dich an der Schattenburg
in einer Stadt des Oktobers
grün
weiß
blau namens Feldkirch
Nicht das Meer suchend
[...][6]

Das Leben in der ›Fremde‹ verlangt nach neuen Denkmustern, Wahrnehmungen, neuen Reflexionen und neuem Handeln; da ist es dann auch nur mehr als konsequent, wenn es Kundeyt Şurdum allem Anschein nach nicht reicht, sich einzig und allein der Sehnsucht nach der Heimat hinzugeben. Der wehmütig suchende Blick dem heimischen Meer entgegen darf den Blick in die Zukunft nicht dauerhaft verstellen. Der Weg zur Besserung, zur »Genugtuung in der Fremde« – Titel eines Gedichtzyklus' aus dem Gedichtband *Kein Tag geht spurlos vorbei* – kann und darf nicht ausschließlich über den Anblick des Verlorengegangenen führen. Denn Heimat bedeutet auch Zukunft. Also spricht der Dichter seinen Landsleuten Mut zu, gibt ihnen Hoffnung und leise Zuversicht, dass zumindest ihre Kinder »mit der Zeit verschont werden«, dass der »geliehene Himmel« zum heimatlichen Himmel ihrer Kinder werden wird. Şurdums sanfte Appelle, die neue Heimat ihrer Kinder nicht der eigenen Sehnsucht zu opfern, führen jedoch zwangsläufig zu einem nahezu unauflöslichen und ambivalenten Selbstverständnis in der ›Fremde‹. Denn der eigene Abschied scheint besiegelt in dem Moment, indem sie ihren Kindern die Zukunft unter einem heimatlichen Himmel gewähren. Und so wohnt vielen der zugewanderten türkischen ›Gastarbei-

6   Siehe S. 74.

terinnen‹ und ›Gastarbeiter‹ eine starke Zerrissenheit zwischen der eigenen Hoffnungslosigkeit und der Hoffnung für ihre Kinder inne:

> Die Hoffnung und die
> Hoffnungslosigkeit, unser
> Zustand.[7]

Doch genau im Zustand der inneren Zerrissenheit, im Zustand zwischen Hoffnung und Hoffnungslosigkeit, im Aufeinanderprallen gefährdeter Erinnerung an die eigene Kultur mit unerfüllten Wünschen in der ›Fremde‹ öffnen sich die für Kundeyt Şurdum bezeichnendsten Gedichte. Für diese findet Şurdum eine Ausdrucksform, die in ihrer formalen wie auch sprachlichen Klarheit und Nüchternheit bisweilen an die zweck- und sachorientierte Gebrauchslyrik der 1920er Jahre erinnern lässt, deren Vertreterinnen und Vertreter (allen voran Bertolt Brecht, Erich Kästner, Mascha Kaléko und Kurt Tucholsky) die Aufgabe der Lyrik insbesondere darin sahen, mittels klar verständlicher und zugänglicher Alltagssprache auf die aktuellen Zeitprobleme (vorrangig in Bezug auf die teils unmenschlichen Auswirkungen der kapitalistischen Gesellschaftsordnung auf das Proletariat) literarisch adäquat wie unmittelbar zu reagieren.

Doch trotz der reduzierten und teils einfachen Sprache bewahren Kundeyt Şurdums Gedichte gleichzeitig immer wieder etwas Befremdliches, orientalisch – oft auch musikalisch – Anmutendes. Dies liegt weniger an den Beschreibungen und Darstellungen geographischer Örtlichkeiten in der Türkei oder den deutlichen intertextuellen Bezügen zu osmanischen Dichtern und Sufi-Mystikern als vielmehr am sprachlichen Repertoire des Dichters selbst. Granatäpfel, Pflaumen, der gemeinschaftlich geteilte Tisch, das Meer und die Berge eröffnen Konnotationen und Bilderwelten, die man in der Form innerhalb der deutschsprachigen Literatur Österreichs bis dahin wohl nur kaum kannte. In seiner Lyrik durchdringen sich Lebenszeichen orientalisch-mediterraner Kultur mit der deutschen Sprache. Şurdums lyrische Ausdrucksweise ist nostalgisch

---

7   Siehe S. 240.

Anhang

und zeitlos, vertraut und irritierend zugleich, sie oszilliert schlicht zwischen ›Hier‹ und ›Dort‹:

> [...]
> Ich setze mich auf eine Bank, sehe über den
> See, sehe das Meer.
> Ich horche, höre Deutsch.
> Ich glaube den Nebel von Istanbul zu sehen,
> sehe den Nebel vom
> Bodensee. Das Wasser ist überall
> sonnenbespritzt. Der Staub ist überall.
> Die Menschen, die vor mir wandern, unterscheiden sich von den Menschen in Istanbul
> durch ihre Kleidung.
> Ich niese dort und hier, wenn ich plötzlich in
> die Sonne schaue.
> [...][8]

In diesem, einem der schönsten und eindringlichsten Gedichte Şurdums schiebt der Autor Augenblicke der Erinnerungen an das heimatliche Meer bei Istanbul und Wahrnehmungen des Bodenseeufers ineinander. Er befreundet und befriedet beide Gewässer, beide Sprachen; denn in der Synergie zweier Sprachen und Realitäten erkennt der Dichter das Gemeinsame, die verbindenden Elemente unterschiedlicher Lebensformen.

So treffen wir in Şurdums Versen wiederholt auf lyrische Inszenierungen des Dazwischen, der Brüchigkeit des Seins zwischen den Kulturen, Gesellschaften und Sprachen; kurzum: auf hybride Schwellenräume. Kundeyt Şurdum erschafft eine Poesie des dritten Raums, eine Poesie der dritten Sprache, seiner deutschen Sprache.

Der Dichter erkennt – wenn man so will – beide Seiten der (Migrations-)Medaille. Als Türkisch-Intellektueller und gelernter Germanist, Kunsthistoriker und Archäologe kennt er sowohl das kulturelle Erbe seines Heimatlandes als auch jenes jener westlichen Länder, deren Dichterinnen und

---

8   Siehe S. 210.

Dichter er bereits seit seiner Schulzeit am deutschsprachigen Gymnasium in Istanbul verehrt. Er versteht es, einen differenzierten, ja fast schon auktorialen Blick auf den Alltag und die Geschehnisse seiner Zeit zu richten.

Eine bemerkenswerte Nachdrücklichkeit erhält diese Dimension in der Zusammenarbeit mit dem bekannten Feldkircher Fotografen Nikolaus Walter, aus welcher der Bild-Gedichtband *Landlos. Türken in Vorarlberg* (1991) entstand. Ausdrucksstarke Bilder eines Fotografen und Gedanken eines Lyrikers vermitteln hier Zugänge, die fernab jeglicher Schwarz-Weiß-Malerei zu liegen scheinen. Nur ein Beispiel sei herausgegriffen: Auf einer Straßenbaustelle in Altenstadt (Feldkirch) fängt Nikolaus Walter einen älteren ›Gastarbeiter‹ ein. Neben den durch Bart und Kappe als stereotypisierten Zuwanderer erkennbaren Mann gesellt sich im Hintergrund ein regionaltypisches Wegkreuz. In der scheinbaren Differenz des Glaubens, in der sozialen wie religiösen Grenzziehung – verbildlicht im trennenden Strommast – liegt jedoch sogleich die Grenzüberschreitung, verweist doch der Mann fast schon ikonografisch mit seiner Schaufel auf den Gekreuzigten und die Tafel mit der Bitte um Barmherzigkeit. Für den Dichter die Gewissheit:

Wir alle suchen dein Reich.[9]

Man ist geneigt zu fragen, hat denn der Dichter nicht mehr dazu zu sagen? Nein; denn in der Aussparung liegt die Bedeutung. Kundeyt Şurdum ist kein Freund der Geschwätzigkeit, Selbstverständliches muss der Dichter nicht erwähnen. So übergeht er Fragen nach Integration oder gar Assimilation bewusst. Für einen Menschen, der durch Kontinente, Kulturen und Sprachen gegangen ist, sind derartige Frage rhetorisches Kleingeld, schlicht zu banal, nicht der Rede wert. Vielmehr verdichtet sich die ganze Komplexität der kulturellen Begegnung in dem so einfachen und dennoch allumfassenden und kollektivierenden (nicht nationalisierenden) Wörtchen ›wir‹.

Denkfiguren von Nation, von homogenen und separierten Kulturen oder Aspekte des auf Dichotomie beruhenden ›clash of cultures‹ sind

---

9   Siehe S. 186.

Şurdum offenbar fremd. Fremd ist ihm hingegen nicht die Vorstellung einer transnationalen, mehrsprachigen, postmigrantischen Gesellschaft, die sämtliche Ausprägungen des Mensch-Seins unter sich subsumiert und Herkunft sowie Zugehörigkeit eben nicht mit Nationalität verwechselt:

> Diese verzwickte Frage nach der Heimat. Ich weiß nicht, was ich meine Heimat nennen soll, aber ich weiß, daß in meiner Erinnerung das elterliche Haus, das Schlafzimmer, meine Kindheit, meine Heimat geblieben ist.[10]

Diesem Verständnis von Heimat liegt die tiefe Überzeugung von sprachlicher und kultureller Diversität zugrunde, gegenüber abstrakten Sprach- und Staatsgrenzen. Heimat ist für Kundeyt Şurdum kein Ort, Heimat ist ein Gefühl. So entwirft er mit seiner Literatur einen Raum, in welchem sich der Leserschaft eine multilinguale, intertextuelle und vor allem interkulturelle Gesellschaft eröffnet. Vieler seiner Gedichte sind stille Plädoyers für das gegenseitige Zuhören; artikuliert sich in diesen doch stets die einfühlsame Hoffnung auf ein solidarisches Miteinander, ja der Glaube an die Nähe beider Welten, in denen er selbst lebt; denn »siehst du nicht, mein Kind, wie sehr der Bodensee dem Marmarameer gleicht?«

Das Nachdenken über Migration bleibt zweifelsohne eine Konstante in Kundeyt Şurdums Schaffen. Viele seiner Gedichte entsprechen dem inhaltlichen Programm jener Literatur, die anfänglich als ›Gastarbeiter- oder Migrationsliteratur‹ bezeichnet wurde. Man täte dem Dichter aber mehr als unrecht, würde man sein lyrisches Programm einzig und allein auf das Thema Migration reduzieren. Die Themenpalette eines Dichters, der all die schönen, aber eben auch all die schmerzlichen Dinge der Welt kennt, ist schlicht zu breit:

»Es gibt den Begriff Migrationsliteratur«, sagt Kundeyt Şurdum in einem ORF-Interview in den frühen 2000er Jahren,

---

10   Zit. nach: Ahlers, Norbert: Şurdum: »Für die Literatur ist alles Thema«. Lesung des Hebel-Preisträgers und Nachrichtensammlers. In: Markgräfler Tagblatt vom 14.05.1996, MT 4.

den hasse ich! Ich hasse den Begriff, da man von uns erwartet, wir müssen über die Gastarbeiter schreiben. Wieso soll ich in eine Sackgasse gehen und dort bleiben? Ich möchte auch über andere Themen schreiben. Es gibt ja so viele andere Themen auf dieser Welt.[11]

Aus diesem übernationalen und kosmopolitischen Geist heraus öffnet sich für Kundeyt Şurdum letztlich eine Vielzahl an Themen mit sozialen Konstanten – also eben all jene gesellschaftlichen Teilbereiche, von denen ein jeder und eine jede gleichermaßen betroffen ist: Familie, Erinnerung, Vergänglichkeit, Natur und selbstverständlich die Liebe:

> [...]
> Wieviel Sommer habe ich gesehen
> wieviel Sommer hast du gesehen
> sind sie schöner gewesen
> wenn du sie mit meiner Liebe vergleichst
> meine Sommer sind vergangen
> meine Liebe die währt weiter[12]

Unveräußerlicher Bestandteil seiner Lyrik bleibt aber auch das Nachdenken über die Dichtung selbst – also sozusagen das Dichten über die Dichtung: ein zeitloses Merkmal einer jeden Literatur, unabhängig von Herkunft, Milieu, Ethnie, Sprache oder Geschlecht. An diesem Punkt ist Literatur nämlich ›nur mehr bloße Literatur‹ und zwar nichts anderes als dies. Und »hier endet die Fremde«.

Claudio Bechter[13]

---

11 Kundeyt Şurdum im Gespräch. In: Literaturjournal. Ö2 Radio Vorarlberg. 01.02.2001.

12 Siehe S. 170.

13 Claudio Bechter, geboren 1985 in Feldkirch. Lebt in Göfis in Vorarlberg. Studierte Germanistik mit Schwerpunkt Literaturwissenschaft sowie Europäische Ethnologie an der Universität Innsbruck. Freier Journalist und Literaturvermittler an der Stadtbibliothek Dornbirn.

KUNDEYT ŞURDUM – ZEITTAFEL ZU LEBEN UND WERK

1937   Am 17. Februar 1937 wird Kundeyt Şurdum in Konya (Tür-
            kei) als jüngster von fünf Brüdern und als Nachfahre einer
            tscherkessischen Hochadelsfamilie geboren. Sein Vater Ah-
            met Ali ist Ex-Offizier und Gendarmarie-Beamter, seine
            Mutter Şerife Hausfrau.

1944–1952   Besuch der Volks- und Hauptschule in Istanbul.

1952–1957   Kundeyt Şurdum besucht das österreichische St. Georg Col-
            lege in Istanbul.

1954   Kundeyt Şurdums Vater Ahmet Ali stirbt, was nach eigenen
            Angaben einen wesentlichen Wendepunkt in seinem Leben
            bedeutet: Erstmals wird er unmittelbar mit dem Tod kon-
            frontiert.

1957–1971   Studium der Germanistik, Kunstgeschichte und Archäologie
            in Istanbul. Er schreibt seine ersten Gedichte und übersetzt
            Texte von Ingeborg Bachmann, Paul Celan und Karl Krolow
            sowie Aufsätze von Georg Lukács ins Türkische.

1964–1966   Kundeyt Şurdum absolviert seinen Militärdienst. Er wird als
            Volksschullehrer eingesetzt.

1963   Abschluss des Nebenfaches Deutsche Sprachgeschichte.

1966   Abschluss des Nebenfaches Europäische Kunstgeschichte.

1968	Noch während seiner Studienzeit (vermutlich 1968) reist Şurdum mehrmals nach Deutschland. Er will in München das Filmemachen erlernen, kann sich das Studium jedoch nicht finanzieren. Stattdessen arbeitet er in verschiedenen Jobs und kehrt immer wieder nach Istanbul zurück.
1969	Abschluss des Nebenfaches Klassische Archäologie.
1971	Am 03. Mai erhält Kundeyt Şurdum sein Abschlusszertifikat im Hauptfach Deutsche Literatur.
1971	Hochzeit mit Ayşe Yildam, am 18. August in Istanbul.
1971	Aufgrund des Militärputschs und der damit verbundenen politischen Unterdrückung verlässt Şurdum mit seiner Frau die Türkei und übersiedelt nach Österreich (Vorarlberg).
1971	Kundeyt Şurdum übernimmt die redaktionelle Leitung des Mitteilungsblattes *Haber*, eine der wichtigsten Informationsquellen für die in Vorarlberg lebenden Arbeiterinnen und Arbeiter aus der Türkei. Seither ist er auch redaktioneller Mitarbeiter und Übersetzer der Zeitschrift *BiZ Dergisi* der Österreichisch-Türkischen Gesellschaft in Vorarlberg und der Arbeiterkammer. Die Zeitschrift gilt als zentrale Schnittstelle von aktiver Betreuung und beginnender Selbstorganisation der damals in Vorarlberg arbeitenden Personen aus der Türkei.
1972	Kundeyt Şurdum wird Vertragslehrer des Landes Vorarlberg. Er unterrichtet Volksschulkinder in türkischer Sprache.
1972–1988	Dolmetscher bei der Arbeiterkammer Vorarlberg.
1973	Nachdem Şurdum als Übersetzer für unterschiedliche Übersetzungsbüros in Vorarlberg arbeitete, erhält er die Bewilligung zur Eröffnung seines eigenen türkisch-deutschen Übersetzungsbüros.

1973	Gestaltung der türkischsprachigen ›Gastarbeiter‹-Sendung für das ORF Landesstudio Vorarlberg. Şurdum informiert – ähnlich der Zeitschrift *BiZ Dergisi* – über Ereignisse in der Türkei und weltweit, aber auch über wesentliche Veränderungen und Bedingungen in Österreich.
1974	Kundeyt Şurdum liest öffentlich seine Gedichte im ORF Landesstudio Vorarlberg, was ihm infolgedessen erstmals eine gewisse Bekanntheit als Dichter verschafft.
1976	Geburt von Sohn Abrek.
1976	Bestellung zum gerichtlichen Sachverständigen und Dolmetscher am Landesgericht Feldkirch.
1980	Die Arbeiterkammer bestellt Kundeyt Şurdum zum Kursleiter für türkische Sprachkurse.
1981	Şurdum wird Dolmetscher beim Arbeitsmarktservice Vorarlberg.
1982	Das ORF Landesstudio Vorarlberg produziert und sendet Kundeyt Şurdums Hörspiele *Der lange Sonntag Osmans* und *Ich wate durch die Dunkelheit*.
1985	Erstausstrahlung von Şurdums Hörspiel *Wege oder die Liebe – Legende eines Augenblicks* im ORF Landesstudio Vorarlberg.
1989	Kundeyt Şurdum wird Chefredakteur der Zeitschrift *BiZ Dergisi*.
1988	Şurdum wird ›Ausländer‹-Berater bei der Beratungsstelle am Institut für Sozialdienste (*ifS*) in Feldkirch.
1988	*Unter einem geliehenen Himmel*, Kundeyt Şurdums erster

Gedichtband, erscheint im Münchner Piper Verlag mit einem Nachwort von Michael Köhlmeier. Er publiziert seine Gedichte darüber hinaus in unterschiedlichen Literaturzeitschriften (*Freibord, Salz, Literatur und Kritik, Protokolle, Litfass* u. a.).

1988   Kundeyt Şurdum erhält die Ehrengabe des Landes Vorarlberg.

1989   Kundeyt Şurdum liest im Rahmen der 19. internationalen Literaturtage in Rauris.

1991   In Zusammenarbeit mit dem bekannten Vorarlberger Fotografen Nikolaus Walter veröffentlicht Şurdum den Bild-Gedichtband *Landlos. Türken in Vorarlberg.*

1991   Mitwirkender beim Feldkircher Kulturfestival *Künstler gegen Fremdenhass.*

1996   Kundeyt Şurdum erhält den Johann-Peter-Hebel-Preis des Ministeriums für Wissenschaft, Forschung und Kunst des Landes Baden-Württemberg.

2002   *Kein Tag geht spurlos vorbei,* der dritte Gedichtband Şurdums, erscheint im Isele-Verlag in Eggingen.

2003   Kundeyt Şurdum erhält das Große Verdienstzeichen des Landes Vorarlberg.

2016   Am 21. April stirbt Kundeyt Şurdum im Alter von 79 Jahren in Feldkirch.

EDITORISCHE NOTIZ

Rund sechs Jahre nach dem Tod Kundeyt Şurdums am 21. April 2016 legt dieser Band erstmals das gesammelte Werk des Dichters vor. Die Ausgabe hat dabei zum Ziel, einerseits das vielfältige poetische Programm Şurdums in seiner Gesamtheit zu präsentieren und dessen Überlieferung unter Bezugnahme der Werkbiographie nachvollziehbar zu machen; anderseits (auch angesichts des nach wie vor starken Mangels an Sekundärliteratur) die Basis für eine weiterführende Auseinandersetzung mit dem Werk Kundeyt Şurdums zu schaffen.

Damit werden die zu seinen Lebzeiten zwei selbständig publizierten Gedichtbände sowie der auf Initiative des Fotografen Nikolaus Walter entstandenen Bild-Gedichtband *Landlos. Türken in Vorarlberg* zusammengeführt und wieder einer breiten Leserschaft zugänglich gemacht. Neben diesem Hauptwerk finden sich in der Ausgabe auch Şurdums Hörspiel-Arbeiten sowie einzelne verstreut veröffentlichte Gedichte und Prosa-Texte. Ergänzt wird der Band durch einen Basisapparat, der die Überlieferungs- und Entstehungszusammenhänge der jeweiligen Arbeiten dokumentiert sowie eine Auswahl überlieferter Textfassungen verzeichnet. Mit dieser Ausgabe können jedoch nicht sämtliche editorische Anforderungen im Sinne einer historisch-kritischen Gesamtausgabe eingelöst werden. Als Studien- bzw. Leseausgabe möchte der vorliegende Band bewusst ein breites, nicht-wissenschaftliches Lesepublikum ansprechen und verzichtet daher auf hochspezialisierte textgenetische Darstellungsmethoden.

Die Strukturierung des Bandes nach den Gattungen *Gedichte*, *Hörspiele* und *Prosa* basiert in erster Linie auf praktischen Überlegungen. Zwar lässt sich der größte Teil der Texte Şurdums diesen drei literarischen Genres zuordnen, in einzelnen Fällen wurde jedoch entschieden, auf eine weiterführende terminologische Differenzierung zugunsten der Lese-freundlichkeit zu verzichten. Dies betrifft insbesondere Arbeiten, die aufgrund ihrer sprachlichen und formalen Ausgestaltung bisweilen an den Grenzen der genannten Gattungen rangieren, wie etwa das dramatische Gedicht bzw. die lyrische Wechselrede *Wege oder die Liebe – Legende eines Augenblicks*. Eine Ausnahme in diesem Zusammenhang bildet der Text *Mit den Gedichten leben*, welcher als Rede anlässlich der Übergabe des Johann-Peter-Hebel-Preises dieser Ausgabe vorangestellt wird.

Die Anordnung der Publikationen innerhalb des jeweiligen Genres hält sich an die Chronologie ihres Erscheinens, bei mehreren Veröffent-lichungen innerhalb eines Jahres wurde die Reihenfolge im Detail re-konstruiert.

Die Textgestalt der Gedichte folgt konsequent den selbständig publi-zierten Gedichtbänden, eventuell vorgenommene Korrekturen sind im Einzelkommentar erläutert. In wenigen Einzelfällen, bei denen Zweifel hinsichtlich der inhaltlichen wie formalen Gestalt besteht, wurden die im Nachlass des Dichters verfügbaren Manuskripte, Typoskripte und Computerausdrucke sowie gegebenenfalls erfolgte unselbstständige Erst-veröffentlichungen eines Gedichtes hinzugezogen. Detaillierten Auf-schluss über etwaige Abweichungen weiterer separater Drucke von der vorliegenden Edition geben ebenfalls die Einzelkommentare.

Eine Besonderheit im Werk von Kundeyt Şurdum stellt jene Vielzahl an Gedichten dar, welche als Teil seiner Hörspiele (erst)ausgestrahlt wurden sowie gleichzeitig den Eingang in seine Gedichtbände gefunden haben. Die betreffenden Gedichte wurden kritisch verglichen, etwaige Abwei-chungen in den Einzelkommentaren dokumentiert. Aus Gründen der besseren Nachvollziehbarkeit des Publikationsverlaufes dieser Gedichte wurde im Einzelkommentar eine Differenzierung zwischen Erstveröf-fentlichung und Erstdruck vorgenommen.

Aufgrund fehlender Sendemanuskripte zu den jeweiligen Hörspielen ergibt sich deren Textkonstitution in der vorliegenden Edition formal (Strophik, Schriftbild, Vers- und Satzstruktur usw.) aus dem Typoskript letzter Hand sowie inhaltlich aus den vorhandenen Tonaufzeichnungen des ORF Landesstudio Vorarlberg. Damit die Herstellung eines historisch-authentischen Textes sowie der oben erwähnte Vergleich mit den Gedichten aus den Bänden gewährleistet werden kann, wurden Emendationen, also Eingriffe in die Textgestalt der jeweiligen Hörspiel-Typoskripte, nur dann vorgenommen, wenn eindeutige Druck- oder Schreibfehler vorliegen oder zur Vereinheitlichung, etwa der Groß- und Kleinschreibung, dienen. Als Fehler ist dabei anzusehen, was für sich oder im engeren Kontext keinen Sinn zulässt, der vom Autor tatsächlich gemeint ist. Vorgenommene Eingriffe sind allenfalls in den Einzelkommentaren angeführt. Eine Ausnahme in diesem Zusammenhang bildet das Hörspiel *Der lange Sonntag Osmans.* Hier folgt die Textgestalt konsequent der Druckvorlage des Erstdruckes aus der vom Franz-Michael-Felder-Verein in Zusammenarbeit mit dem Österreichischen Rundfunk herausgegebenen Hörspiel-Anthologie *Neue Texte aus Vorarlberg 3* (1983). Etwaige Druckfehler wurden korrigiert und sind ebenfalls in den Einzelkommentar vermerkt.

Unter der Perspektive der Werkbiographie wurde entschieden, in der vorliegenden Ausgabe Entstehungsdaten sämtlicher Texte im Einzelkommentar zu berücksichtigen. Kundeyt Şurdum selbst hat seine Typo- wie Manuskripte nur gelegentlich mit Entstehungsdaten versehen. Dem gegenüber stehen wiederum Textzeugen, die teils bis auf die Uhrzeit genau datiert wurden. Sofern notwendig, wurden fehlende Entstehungsdaten oder -zeiträume auf Grundlage handschriftlicher Datierungen von Entwürfen aus Notiz- und Arbeitsbüchern sowie anderer Hinweise aus dem Nachlass erschlossen.

In einigen wenigen Fällen hat Kundeyt Şurdum auf seinen Textzeugen Entstehungsorte mitgeteilt. Diese wurden im Einzelkommentar ebenfalls berücksichtigt, fehlende Angaben mit dem Vermerk ›ohne Ort‹ (o. O.) versehen. Unsicherheiten – sowohl zur Datierung als auch zum Entstehungsort der Texte – werden gegebenenfalls mit ›vermutl.‹ gekennzeichnet.

Ebenfalls in den Nachweisen finden sich Angaben zur Überlieferungssituation der jeweiligen Titel, etwaige Wort- und Sacherklärungen, Erläuterungen sprachlicher Eigentümlichkeiten, Anmerkungen zu relevanten Personen sowie Informationen zu biographischen wie historischen

Entstehungskontexten, wie etwa Selbstausgaben des Autors. Darüber hinaus enthalten die Einzelkommentare Informationen über Verarbeitungen fremder Texte und Textbestandteile, also Beschreibungen intertextueller Bezugnahmen zu anderen Autorinnen und Autoren. Auf interpretierende Erläuterungen wird grundsätzlich verzichtet, vielmehr sollen die Einzelkommentare die Voraussetzung für das Verständnis der Gedichte Kundeyt Şurdums als historisches Phänomen schaffen sowie gleichzeitig den zeitlichen, kulturellen und geistigen Abstand zwischen Werk und Leserschaft schließen. Das heißt, die Kommentare sollen die zur Zeit oder am Ort der Entstehung der Gedichte vorherrschenden Wissenshorizonte (sowohl des Autors als auch der Leserschaft) sichtbar machen und die durch historische und lokale Distanz entstandenen Verständnisprobleme erläutern.

Eine Liste mit Abkürzungen, Kurztiteln sowie Siglen dienen darüber hinaus der Vereinheitlichung und Verknappung des Einzelkommentars. Weitere Paratexte, wie etwa eine tabellarische Übersicht zum Leben und Werk des Dichters sowie verschiedene Verzeichnisse sollen die Rezeptionsfreundlichkeit sowie die sinnvolle Organisation des Materials gewährleisten.

Die Edition der Werke Kundeyt Şurdums wären nicht denkbar ohne die Unterstützung vieler Helferinnen und Helfer. Zuallererst gilt der Dank vor allem Ayşe und Abrek Şurdum, die als Erben und Nachlassgeber nicht nur den Grundstein für diese Ausgabe legten, sondern durch ihre wohlwollende Unterstützung Hintergründe erhellten, Angaben überprüften sowie wichtige Kontakte vermittelten.

Einen besonderen Dank möchte ich Jürgen Thaler, dem Leiter des *Franz-Michael-Felder-Archives* der *Vorarlberger Landesbibliothek*, aussprechen. Jürgen Thaler hat die Ausgabe durch seine tatkräftige Unterstützung sowie wertvollen Hinweise und Diskussionen bis in die letzte Arbeitsphase begleitet und somit wesentlich zur Realisierung dieser Arbeit beigetragen.

Im Verlag hat Matthias Schmidt durch seine souveräne Koordination den reibungslosen Ablauf aller nötigen Arbeitsschritte gewährleistet.

Dasselbe gilt für die Mitarbeiterinnen und Mitarbeiter des *vorarlberg museum*: Magdalena Venier, die als verantwortliche Projektleiterin die Herausgabe dieses Buches umsichtig und fundiertest betreute; Fatih Özçelik, der in seinem Bemühen um die Sichtbarmachung Kundeyt Şurdums wesentliche Vorarbeit zu dieser Ausgabe leistete; und nicht zuletzt Direktor Andreas Rudigier, welcher durch seine tatkräftige Förderung und seinem entgegengebrachten Vertrauen allen am Projekt beteiligten Personen erheblichen Anteil an diesem Werk trägt.

Sämtliche Personen, die ich im Verlauf dieser Arbeit um Auskünfte und Informationen bat, sind meinen Anfragen stets wohlwollend nachgekommen. Wegbegleiter und Wegbereiter Kundeyt Şurdums stimmten freundlicherweise der Aufnahme einiger Texte und Bilder zu, die nicht vom Dichter selbst, sondern von ihnen stammen. Erwähnt seien hier: Kurt Greussing, Michael Köhlmeier, Sigurd Paul Scheichl sowie Nikolaus Walter. Danke!

Bregenz, im April 2022

EINZELKOMMENTAR

REDEN

MIT DEN GEDICHTEN LEBEN.
AUS DER DANKESREDE VON KUNDEYT ŞURDUM (S. 9)
Überlieferung: 3 Bl. masch. (Korr., 2 Fass.)
Entstehung: o. O., o. D.
In: Literatur und Kritik, (1996), Nr. 309/310, S. 62.
Anmerkung: Die Rede erschien anlässlich der Verleihung des
Johann-Peter-Hebel-Preises des Ministeriums für Wissenschaft,
Forschung und Kunst des Landes Baden-Württembergs an KŞ im
Jahr 1996. In einem nachgelassenen Textzeugen der Rede wurde
das Wort ›Bazar‹ handschriftlich gestrichen und durch ›Markt‹
ersetzt.

GEDICHTBÄNDE

UNTER EINEM GELIEHENEN HIMMEL
Şurdum, Kundeyt: Unter einem geliehenen Himmel. Gedichte.
Mit einem Nachwort von Michael Köhlmeier. München: Piper
1988.
Druck: August 1988
Umschlag: Federico Luci, unter Verwendung des Gemäldes
Stumme Zeugen von Marc Zimmermann.
Foto Umschlagrückseite: Nikolaus Walter
Umfang: 6 Gedichtzyklen mit insgesamt 78 Gedichten, 128 Seiten

Nachwort von Michael Köhlmeier:

»Kundeyt Şurdum, 1937 in Konya in der Türkei geboren, ist Tscherkesse. Aber Tscherkessisch ist nicht seine Muttersprache, es war die Sprache der Eltern, wenn sie sich allein wähnten. Wer je unter einem heimatlichen Himmel lebte, zögert nicht bei der Frage nach der Muttersprache. Türkisch sei die Sprache, in der er großgeworden ist, sagt Kundeyt Şurdum. Muttersprache meint mehr. Das Tscherkessische klinge in seinen Gedichten nach wie eine nie besessene Heimat. Seine Gedichte schreibt er in deutscher Sprache. Unter einem geliehenen Himmel ist man nicht zu Hause; Heimat ist im Haus der Mutter; zur Geliebten zieht es den Mann fort.

Seine Großeltern haben das vorrevolutionäre Rußland verlassen. Als die Tscherkessen, dieses Volk vom Kaukasus, von dem schon Herodot und Strabo berichten, nach einem 260 Jahre dauernden Kampf gegen die Russen 1864 besiegt worden waren, wanderte fast die Hälfte von ihnen aus, zogen nach Süden ins Osmanische Reich, manche bis nach Jordanien und Syrien. Ein Großteil siedelte sich in Anatolien an. So auch Kundeyt Şurdums Großeltern. Sein Vater kam mit sechs Jahren in eine Militärschule, wurde zum Offizier ausgebildet, war im Ersten Weltkrieg Leutnant in der türkischen Armee. Nach dem Krieg wurde den Tscherkessen bei den Verhandlungen in Lausanne in der Türkei der Minderheitenstatus verweigert. An ihrer Identität änderte das nichts. Sie lebten unter einem geliehenen Himmel. Ihre Kinder wurden unter einem geliehenen Himmel geboren. Kundeyt Şurdum wurde in der türkischen Sprache erzogen, aber bei der Frage nach der Muttersprache zögert er. Die eigentliche Muttersprache ist eine Sprache, die er nicht beherrscht, die er seine Eltern sprechen hörte, wenn sie in der Küche miteinander redeten, während die Kinder schon im Bett lagen.

Die Eltern: Mitglieder des tscherkessischen Hochadels, in der Fremde waren sie arm; sein Vater, wegen einer Verwundung aus der Armee ausgemustert, ein Gendarmeriebeamter.

Kundeyt Şurdum, Jüngster von fünf Brüdern, sagt, er kenne die Frauen nur als Geliebte; um sie anders sehen zu können, hätte er eine Schwester haben müssen. Und er sagt dasselbe über die Sprache. Mit vierzehn Jahren, die Familie ist längst nach Üsküdar, auf der asiatischen Seite von Istanbul, umgesiedelt, meldet ihn sein Vater im österreichischen Gymnasium an. Das St. Georg College ist von allen fremdsprachigen Gymnasien in Istanbul das billigste. Dennoch eine Eliteschule. Im wesentlichen wird in deutscher Sprache unterrichtet. Diese Sprache nimmt sich Kundeyt Şurdum zur Geliebten. Es gibt nur wenige arme Schüler am St. Georg College. Es kommt vor, daß eine reiche Familie für ein mittelloses Kind Pate steht. Kundeyt Şurdum hat keinen solchen Paten.

Er verdient sich einen Teil seines Studiums selbst. Als Gymnasiast übersetzt er deutsche Romane ins Türkische – Kriminalromane, Schundhefte. Damit läßt sich Geld verdienen. Später an der Universität – er studiert Germanistik, Kunstgeschichte und klassische Archäologie – überträgt er Gedichte von Ingeborg Bachmann, Karl Krolow, Paul Celan. Seine Übersetzungen werden in Literaturzeitschriften abgedruckt. Er ist der erste, der Aufsätze von Georg Lukács ins Türkische übersetzt hat, sagt er. Und er schreibt eigene Gedichte in türkischer Sprache. In einem kleinen Kreis macht er sich einen Namen.

Nach dem Studium fährt er nach Deutschland, dreimal, bleibt jedesmal ein knappes Jahr. Er will in München lernen, wie man Filme macht. Er hat kein Geld, um sich das Studium zu finanzieren. Er arbeitet in verschiedenen Jobs, kehrt immer wieder nach Istanbul zurück. Dann versucht er, eines seiner eigenen Gedichte ins Deutsche zu übersetzen. Die Übersetzung mißlingt. Es wird ein anderes Gedicht daraus, sein erstes Gedicht in deutscher Sprache, und es ist besser als jenes, das er aus dem Türkischen hat übersetzen wollen.

Ende der sechziger Jahre fährt er mit dem Schiff über das Marmara-Meer, um zu heiraten. Vier Stunden auf dem Schiff, er will sich ablenken und ein Gedicht schreiben. Er beginnt in türkischer Sprache, im Überschwang verfällt er in der nächsten Zeile ins Deutsche; das Deutsche ist die Sprache der Gefühle, des Pathos; in der folgenden Zeile nimmt er zurück; das Türkische hat den größeren Bilderreichtum, auch wenn nüchterne Dinge gesagt werden sollen; aber schon in der vierten Zeile bedient er sich wieder der Sprache jener Dichter, die er liebt. Das sei kein Sprachexperiment gewesen, sagt Kundeyt Şurdum, es habe sich während des Schreibens so gefügt; das Ergebnis habe ihn erstaunt.

Das Tscherkessische kann er nicht sprechen, in einer geliehenen Sprache, dem Türkischen, ist er großgeworden, und eine fremde Sprache, das Deutsche, ermöglichte es ihm, seinen Empfindungen Worte zu geben.

Anfang der siebziger Jahre zieht Kundeyt Şurdum mit seiner Frau, einer tscherkessischen Prinzessin, nach Österreich, nach Vorarlberg. Er wollte im deutschen Sprachraum leben, sagt er. Zwischen Österreich und Deutschland habe er damals nicht unterschieden. Er habe als Dolmetscher arbeiten wollen. Er setzt sich hier für die Rechte der türkischen Gastarbeiter ein, gründet eine Zeitung, gestaltet Sendungen in türkischer Sprache im Österreichischen Rundfunk. Er unterrichtet türkische Kinder und arbeitet gelegentlich als Übersetzer vor Gericht.

Er dichtet in deutscher Sprache. Seine Gedichte haben einen selten gehörten Ton. Es macht dies der selbstverständliche, unschuldige Umgang mit dem Pathos. In allen seinen Gedichten tönt Pathos, aber – wenn diese Unterscheidung einmal gemacht werden darf – keines seiner Gedichte ist pathetisch. Im Ton dieser Gedichte liegt die Begründung, warum sie geschrieben wurden: aus dem Gefühl der Ergriffenheit. Und Ergriffenheit ist die ursprüngliche Bedeutung von Pathos, bevor dieses zum Pathetischen verkommen ist.

Die Lyrik hat das Pathos mißbraucht wie keine andere Gattung. Das Zartbesaitete und das Grobgehackte teilen sich die Beute. Keine andere Gattung hat sich selbst in solche Nähe zu übelsten Politikerreden gebracht. Und immer ging dabei die Verführung vom Pathos aus. Vom Pathos und dessen Vermeidung, muß man hinzufügen; denn auch dort, wo alle Leidenschaftlichkeit, alle Ergriffenheit ausgetrieben ist, hat die Beute den Räuber besiegt. Die Qualität von Lyrik ließe sich unter anderem daran untersuchen, wie sie mit dem Pathos umgeht.

Wovor fürchtet sich der Dichter? Davor, daß ihn seine eigene Ergriffenheit an der Nase herumführt; daß er ergriffen wird von nichts, daß er Begriff und Empfindung nicht auseinanderhalten kann – daß ihn seine eigenen Worte betrügen. Ist dies einmal geschehen, bleibt Mißtrauen zurück, das die Liebe stört. Er schließt Versicherungen ab. Und damit ist eine Richtung eingeschlagen. Entweder er bläst die Empfindungen auf zum Pathetischen oder er treibt sie aus und endet bei in zerhackten Zeilen abgefaßten Leitartikeln. Einen dritten Weg in diese Richtung gibt es nicht.

Welche Bilder werfen die Dinge auf unsere Sinne? Das sind Fragen – Wer? Was? Wo? Wann? Wie? – niemals die Frage: Warum? Die einen Fragewörter lassen Bilder entstehen, das andere gibt Antworten, aus Bildern können Gedichte entstehen, aus Antworten niemals. *Warum* heißt der Lockstoff des Pathetischen. Und er ist so verführerisch, weil Denken allemal leichter ist als Sehen. Es kann einer denkfaul gescholten werden, aber man kann einem nicht Sehfaulheit vorwerfen. Beim Denken kann einen der Fleiß retten, beim Dichten nicht.

Kundeyt Şurdum findet in den Dingen das Erhabene, weil er an die Erhabenheit der Welt glaubt. Nur wer im Grunde von ihrer Niedrigkeit überzeugt ist, meint, den Dingen müsse der Atem eines Dichters eingeblasen werden.«

I. MEINE HÄNDE GREIFEN NACH DEN WÖRTERN

Meine Hände weilen am Gestade (S. 15)
> Überlieferung: 17 Bl., masch.
> Entstehung: o. O., 15.02.1979
> Erstpublikation: Jeschke, Wolfgang (Hg.): Langsame Apokalypse. Internationale Science Fiction Erzählungen. München: Heyne 1986, S. 282–283.

Der alte Dichter (S. 17)
> Überlieferung: 7 Bl., masch.
> Entstehung: o. O., o. D.
> Erstpublikation: Freibord, Jg. 4 (1979), H. 17, S. 46.
> Wieder in: Neue Texte aus Vorarlberg 2. Lyrik. Herausgegeben vom Franz-Michael-Felder-Verein. Bregenz: Fink 1979, S. 126 sowie in: Neue Vorarlberger Tageszeitung vom 19.08.1988, S. 23; dort Abweichungen im Bereich des formalen Aufbaus aufgrund veränderter Zeilensprünge und Strophik (Red.).
> Anmerkungen: In einer persönlichen Notiz schreibt KŞ: »Doderer führte mich mit einem Satz zu Yahya Kemal. So entstand ›Der alte Dichter‹.« Yahya Kemal Beyatlı (1884–1958) war ein türkischer Schriftsteller und Politiker.

Das Gedicht (S. 18)
> Überlieferung: 5 Bl., masch.
> Entstehung: o. O., o. D.
> Erstpublikation: UEGH
> Wieder in: Graf, Tanja/Heldt, Uwe: Lust am Lesen. München: Piper 1992, S. 134–135.
> Erläuterungen: V. 16: »Garcia Lorca«: Federico García Lorca (1898–1936) war ein spanischer Lyriker und Dramatiker. Neben Ramón del Valle-Inclán galt er als wichtiger Erneuerer des spanischen Theaters.

Ich verschweige dich (S. 19)
> Überlieferung: 6 Bl., masch.
> Entstehung: o. O., o. D.
> Erstpublikation: UEGH

Dein Gesicht zerstreute Bilder (S. 20)
> Überlieferung: 9 Bl., masch., hs.; 1 Bl., hs., geh.
> Entstehung: o. O., vermutl. 1977

Erstpublikation: UEGH

Anmerkungen: Ein nachgelassener Textzeuge des Gedichtes trägt den Titel *Liebes Gedicht.*

Hast du dein Land nur (S. 21)

Überlieferung: 7 Bl., masch., hs.; 4 Bl., hs., geh.

Entstehung: München, 1977

Erstpublikation: UEGH

Erläuterungen: V. 25: »Üsküdar«: Üsküdar ist ein Stadtteil auf der asiatischen Seite Istanbuls.

Die winkende Einsamkeit (S. 23)

Überlieferung: 10 Bl., masch.

Entstehung: o. O., o. D.

Erstpublikation: UEGH

Das Merkmal beharrt (S. 24)

Überlieferung: 9 Bl., masch. (2 Fass.); 1 Bl., hs., geh.

Entstehung: o. O., 01.01.1978

Erstpublikation: UEGH

Anmerkungen: Das Gedicht ist als unveröffentlichte Fassung unter dem Titel *Das Merkmal weht still* nachgelassen. Darin heißt es: »Das merkmal weht still / es wird abend / die sehnsucht verirrt sich / im überdruß / und klagt die dunkelheit an / verträgt die stille nicht / macht streit um die liebe, langeweile / hinter jedem Vorhang / spürt sie überlebensspezialisten / leibwächter, die gewiß schielten / sie lief von meer zu meer / sie floß in die wüste hinein / sie kam hierher / ihre sohlen abgelaufen / sie sitzt auf einem sessel / ich sitze auf dem anderen / plötzlich sind die papiere weiß / plötzlich schmecken wir die hoffnung / noch hält die wand«

Wenn die Zeit kommt, daß ich (S. 25)

Überlieferung: 6 Bl., masch.

Entstehung: o. O., o. D.

Erstpublikation: Bodenseehefte. Das aktuelle Monatsmagazin, (1983), Nr. 6, S. 24; dort T.: »Wenn die Zeit kommt«, V. 9: »in die Nacht des Hirten«, V. 1, V. 17: kein Beistrich am jeweiligen Versende.

Wieder in: Jeschke, Wolfgang (Hg.): Langsame Apokalypse. Internationale Science Fiction Erzählungen. München: Heyne 1986, S. 286; dort V. 9: »in die Nacht des Hirten«.

Meine Hände greifen nach den Wörtern (S. 26)

Überlieferung: 5 Bl., masch., hs.

Entstehung: o. O., o. D.

Erstpublikation: UEGH

Als Teil des Kurzprosa-Textes *Siehst du nicht, mein Kind, wie sehr der Bodensee dem Marmarameer gleicht?* wieder in: Leben am See. Heimatbuch des Bodenseekreises. Bd. 8. Herausgegeben vom Bodenseekreis und der Stadt Friedrichshafen. Tettnang: Lorenz Senn 1990, S. 348; Hermann, Wolfgang (Hg.): Kein Innen – kein Außen. Texte über Leben in Vorarlberg. Bregenz: Ruß 1994, S. 18 sowie in: Quart. Kulturzeitschrift des Landes Tirol, (2019), Nr. 34, S. 108–115; dort Abweichungen im Bereich des formalen Aufbaus aufgrund veränderter Zeilensprünge und Strophik.

Anmerkungen: In einer persönlichen Notiz schreibt KŞ: »Das Wort ›sicherlich‹ bekam ich von Nietsche (sic!), [...]. Ich konnte nie Klage mit Plage reimen und obwohl ich Alliterationen wie frische Fische zu vermeiden versuche, freute ich mich, als ich das einfache ›spielend fischen sie die seltsamsten Fische‹ schrieb, war ich stolz.«

Es gibt einen einzigen Gott (S. 27)

Überlieferung: 6 Bl., masch.

Entstehung: o. O., o. D.

Erstpublikation: Als Teil des Hörspiels *Ich wate in der Dunkelheit* (EA: ORF Landesstudio Vorarlberg am 03.12.1982); dort Groß- und Kleinschreibung berücksichtigt, V. 10: »mit dem Mann, der immer wiederkommt.«, V. 11: »Diejenigen, die den Menschen«, V. 13: Beistrich am Versende, weitere Abweichungen im Bereich des formalen Aufbaus aufgrund veränderter Zeilenumbrüche und Strophik.

II. DER GERECHTE TAG IN TATVAN

Flöhe (S. 28)

Überlieferung: 6 Bl., masch.

Entstehung: o. O., o. D.

Erstpublikation: Freibord, Jg. 4 (1979), H. 17, S. 46; dort V. 1: Beistrich am Versende.

Wieder in: Litfass. Berliner Zeitschrift für Literatur, Jg. 6 (1982), H. 24, S. 58; dort V. 1: Beistrich am Versende, weitere Abweichungen im Bereich des formalen Aufbaus aufgrund veränderter Zeilensprünge und Strophik (vermutl. Red.).

Die Hockenden (S. 29)

Überlieferung: 15 Bl., masch., hs.

Entstehung: o. O., o. D.

Erstpublikation: Freibord, Jg. 4 (1979), H. 17, S. 46; dort V. 1: Kleinschreibung am Versanfang.

Wieder in: Neue Texte aus Vorarlberg 2. Lyrik. Herausgegeben vom Franz-Michael-Felder-Verein. Bregenz: Fink 1979, S. 129; Litfass. Berliner Zeitschrift für Literatur, Jg. 6 (1982), H. 24, S. 58; als Teil des Hörspiels *Der lange Sonntag Osmans* (EA: ORF Landesstudio Vorarlberg am 10.10.1982) sowie in: Neue Texte aus Vorarlberg 3. Hörspiel. Herausgegeben vom Franz-Michael-Felder-Verein. Bregenz: Fink 1983, S. 233; dort V. 1: Kleinschreibung am Versanfang.

Die Frau des Gutsherrn (S. 30)

   Überlieferung: 6 Bl., masch., hs.; 2 Bl., hs., geh.

   Entstehung: o. O., o. D.

   Erstpublikation: UEGH

   Anmerkungen: Eine veränderte Fassung des Gedichtes wurde unter dem Titel *Junitag* (siehe dort) veröffentlicht in: Bodenseehefte. Das aktuelle Monatsmagazin, (1983), Nr. 6, S. 24.

Die Einsamkeit ist ein langer Junitag (S. 32)

   Überlieferung: 13 Bl., masch., hs.; 5 Bl., hs., geh.

   Entstehung: o. O., 07.01.1978

   Erstpublikation: Bodenseehefte. Das aktuelle Monatsmagazin, (1983), Nr. 6, S. 24; dort T.: »Die Einsamkeit«, V. 17–V. 18: kein Beistrich am jeweiligen Versende, weitere Abweichungen im Bereich des formalen Aufbaus aufgrund abweichender Zeilensprünge und Strophik (Red.).

Größer als mein Körper (S. 34)

   Überlieferung: 12 Bl., masch., hs.

   Entstehung: o. O., o. D.

   Erstpublikation: Jeschke, Wolfgang (Hg.): Langsame Apokalypse. Internationale Science Fiction Erzählungen. München: Heyne 1986, S. 284.

   Anmerkungen: In einer persönlichen Notiz schreibt KŞ: »›Das weite Kind‹ ist kein Sprachfehler, war von mir erwünscht.«

   Erläuterungen: Ein nachgelassener Textzeuge des Gedichtes trägt den Titel *Lied aus Tanagra*. Tanagra war eine antike griechische Polis und ist heute eine Gemeinde im Regionalbezirk Böotien. Ein bekanntes Gedicht Rainer Maria Rilkes trägt den Titel *Tanagra*.

Salacak (S. 35)

   Überlieferung: 5 Bl., masch.

   Entstehung: o. O., o. D.

   Erstpublikation: Neue Texte aus Vorarlberg 2. Lyrik. Herausgegeben vom Franz-Michael-Felder-Verein. Bregenz: Fink 1979, S. 127; dort T.: »Saladschak«, V. 9: »der Fischer, der seine Netze flickt«.

   Erläuterungen: V. 22: »Üsküdar«: Üsküdar ist ein Stadtteil auf der asiatischen Seite Istanbuls.

   Korrekturen: V. 7 (»dort am Strand«) ist in der Druckvorlage zu UEGH nicht Teil der ersten Strophe. Korrektur auf Grundlage des Typoskripts sowie einer hs. Anmerkung (»↑«) in einem der nachgelassenen Gedichtbände aus der Bibliothek des Autors.

Allein wie im Schlaf (S. 36)

   Überlieferung: 4 Bl., masch.

   Entstehung: o.O., o. D.

   Erstpublikation: Als Teil des Hörspiels *Ich wate in der Dunkelheit* (EA: ORF Landesstudio Vorarlberg am 03.12.1982); dort Großschreibung Possessivpronomen 1. P. s., V. 16: Großschreibung am Versanfang, weitere Abweichungen im Bereich des formalen Aufbaus aufgrund veränderter Zeilensprünge und Strophik.

Erläuterungen: In einer persönlichen Notiz schreibt KŞ: »Das Gedicht ›Allein wie im Schlaf‹ verdanke ich Karl Krolow, wieso weiß ich nicht.«

Vierzeiler I (S. 37)
 Überlieferung: 8 Bl., masch.
 Entstehung: o. O., o. D.
 Erstpublikation: UEGH

Vierzeiler II (S. 37)
 Überlieferung: 8 Bl., masch., hs. (Korr.)
 Entstehung: o. O., o. D.
 Erstpublikation als Teil des Gedichtes *Zwei Vierzeiler* in: Neue Vorarlberger Tageszeitung vom 09.05.1981, S. 24; dort V. 4: »Das Schöne was das auch sein mag« (vermutl. Red.).

Vierzeiler III (S. 37)
 Überlieferung: 8 Bl., masch., hs. (Korr.)
 Entstehung: o. O., o. D.
 Erstpublikation: UEGH

Vierzeiler IV (S. 37)
 Überlieferung: 8 Bl., masch., hs.
 Entstehung: o. O., o. D.
 Erstpublikation: UEGH

Vierzeiler V (S. 38)
 Überlieferung: 8 Bl., masch., hs.
 Entstehung: o. O., o. D.
 Erstpublikation: UEGH

Vierzeiler VI (S. 38)
 Überlieferung: 10 Bl., masch., hs. (Korr.)
 Entstehung: o. O., o. D.
 Erstpublikation: UEGH

Der Angriff wird währen, laß die Toten liegen (S. 39)
 Überlieferung: 10 Bl., masch.
 Entstehung: o. O., 1971
 Erstpublikation: Freibord, Jg. 4 (1979), H. 17, S. 46; dort Abweichungen im Bereich des formalen Aufbaus aufgrund veränderter Zeilensprünge und Strophik. Wieder in: Jeschke, Wolfgang (Hg.): Langsame Apokalypse. Internationale Science Fiction Erzählungen. München: Heyne 1986, S. 281; dort T. mit Rufzeichen; sowie in: Dağdevir, Yeliz/Kurdoğlu Nitsche, Gerald (Hg.): »heim.at«. Burgaz Projekt. Gedichte von Migrantinnen und Migranten aus der Türkei in Österreich. Landeck: EYE 2004, S. 54; dort V. 7: »Wind«.
 Anmerkungen: In einer persönlichen Notiz schreibt KŞ: »›Der Angriff wird währen‹ ist das einzige Gedicht, das gleichzeitig in Türkisch und Deutsch geschrieben wurde.«

Es gibt schöne Tage (S. 40)
 Überlieferung: 4 Bl., masch.
 Entstehung: o. O., o. D.
 Erstpublikation: UEGH

Fenster (S. 41)
 Überlieferung: 8 Bl., masch.
 Entstehung: o. O., o. D.
 Erstpublikation: UEGH
 Anmerkungen: KŞ widmet das Gedicht Gert Westphal. Curt Gerhard Westphal
 (1920–2002) war ein deutsch-schweizerischer Regisseur, Schauspieler und Rezi-
 tator.

Der gerechte Tag in Tatvan (S. 42)
 Überlieferung: 8 Bl., masch.
 Entstehung: o. O., o. D.
 Erstpublikation: UEGH
 Erläuterungen: T., V. 11: »Tatvan«: Tatvan ist eine Stadt in der osttürkischen
 Provinz Bitlis.

Frühling (S. 43)
 Überlieferung: 8 Bl., masch., hs.
 Entstehung: o. O., o. D.
 Erstpublikation: Freibord, Jg. 4 (1979), H. 17, S. 46; dort V. 2: »merkwürdige
 Gerüchte«, V. 11: keine Interpunktion, weitere Abweichungen im Bereich des
 formalen Aufbaus aufgrund veränderter Zeilensprünge und Strophik.
 Wieder in: Litfass. Zeitschrift für Literatur, Jg. 12 (1988), H. 44, S. 16.
 Anmerkungen: In einer persönlichen Notiz schreibt KŞ: »Das Gedicht ›Der
 Frühling‹ erweckt durch Nazim Hikmet.« Nâzım Hikmet (1902–1963) war ein
 türkischer Dichter und Dramatiker. Es gilt als einer der bedeutendsten Dichter
 der türkischen Literatur.

Politik (S. 44)
 Überlieferung: 7 Bl., masch. (Korr.)
 Entstehung: o. O., 11.08.1979
 Erstpublikation: UEGH
 Anmerkungen: Auf einem nachgelassenen Textzeugen trägt das Gedicht den
 Titel *Die Politik*. Darauf vermerkt KŞ: »Das ist ein Gedicht über die Politik,
 heißt auch Politik.«

Meine Zeitgenossen (S. 45)
 Überlieferung: 8 Bl., masch.
 Entstehung: o. O., o. D.
 Erstpublikation: Protokolle. Zeitschrift für Literatur und Kunst. Jg. 16 (1981),
 Bd. 1, S. 27; dort V. 14: »meine Zeitgenossen«.
 In derselben Textgestalt der Erstpublikation wieder in: Jeschke, Wolfgang

(Hg.): Langsame Apokalypse. Internationale Science Fiction Erzählungen.
München: Heyne 1986, S. 283.

III. DIE HUMMER SCHMECKEN WUNDERBAR

Februar 1 (S. 46)
>   Überlieferung: 5 Bl., masch., hs.
>   Entstehung: o. O., o. D.
>   Erstpublikation: Litfass. Zeitschrift für Literatur, Jg. 12 (1988), H. 44, S. 17.

Februar 2 (S. 47)
>   Überlieferung: 4 Bl., masch., hs.
>   Entstehung: o. O., o. D.
>   Erstpublikation: Litfass. Zeitschrift für Literatur, Jg. 12 (1988), H. 44, S. 17–18;
>   dort V. 11: kein Beistrich am Versende; V. 12: »wie ein Kußatem befruchteter
>   Baum«.

Ich liebe dich wie einen Kehrreim (S. 48)
>   Überlieferung: 19 Bl., masch., hs.
>   Entstehung: o. O., 19.05.1984
>   Erstpublikation: Als Teil des Hörspiels *Wege oder die Liebe – Legende eines
>   Augenblicks* (EA: ORF Landesstudio Vorarlberg am 24.05.1985); dort ohne
>   V. 1–V. 2, Groß- und Kleinschreibung berücksichtigt.
>   Erläuterungen: T., V.1: »Kehrreim«: Ein Kehrreim ist die regelmäßige Wieder-
>   holung von Versen innerhalb eines strophisch aufgebauten Gedichtes oder Lie-
>   des, besser bekannt auch als Refrain (von altfranz. *refraindre*: »wiederholen«).

Ich sitze da und schaue auf den Berg (S. 51)
>   Überlieferung: 2 Bl., masch.
>   Entstehung: o. O., o. D.
>   Erstpublikation: Litfass. Zeitschrift für Literatur, Jg. 12 (1988), H. 44, S. 16.
>   Wieder in: Liechtensteiner Almanach 1989. Landschaft in Literatur und Kunst,
>   (1989), Nr. 4, S. 110; dort V. 2–V. 5: Kleinschreibung am jeweiligen Versanfang,
>   weitere Abweichungen im Bereich des formalen Aufbaus aufgrund veränderter
>   Zeilensprünge.
>   Anmerkungen: In einer persönlichen Notiz schreibt KŞ: »Das Wort ›sicherlich‹
>   habe ich von Nietsche (sic!), [...].«

Überdruß (S. 52)
>   Überlieferung: 13 Bl., masch.
>   Entstehung: o. O., o. D.
>   Erstpublikation: Bodenseehefte. Das aktuelle Monatsmagazin, (1983), Nr. 6, S. 24.
>   Anmerkungen: V. 28 »Karussell«: *Das Karussell* gilt als eines der bekanntesten
>   Gedichte Rainer Maria Rilkes.

Das Meer läßt Spalten zurück (S. 54)
>   Überlieferung: 10 Bl. masch., hs. (Korr.)
>   Entstehung: o. O., o. D.
>   Erstpublikation: Als Teil des Hörspiels *Wege oder die Liebe – Legende eines Augenblicks* (EA: ORF Landesstudio Vorarlberg am 24.05.1985); dort V. 26: »sagt man, wenn man stirbt«.

Duft (S. 56)
>   Überlieferung: 2 Bl., masch., hs.
>   Entstehung: o. O., o. D.
>   Erstpublikation: UEGH

Die Hummer schmecken wunderbar (S. 57)
>   Überlieferung: 9 Bl., masch., hs.
>   Entstehung: o. O., o. D.
>   Erstpublikation: Bodenseehefte. Das aktuelle Monatsmagazin, (1983), Nr. 6, S. 24; dort Abweichungen im Bereich des formalen Aufbaus aufgrund veränderter Zeilensprünge und Strophik.
>   Wieder in: Buchwald, Christoph/Erb, Elke (Hg.): Luchterhand Jahrbuch der Lyrik 1986. Jetzt. In unserer Lage. Darmstadt/Neuwied: Luchterhand 1986, S. 51–52.
>   Anmerkungen: Ein nachgelassener Textzeuge des Gedichtes trägt den Titel *Die Krabben schmecken wunderbar*.

Park (S. 58)
>   Überlieferung: 9 Bl., masch.
>   Entstehung: o. O., 1968
>   Erstpublikation: Litfass. Zeitschrift für Literatur, Jg. 12 (1988), H. 44, S. 16; dort V. 1, V. 7, V. 16: Beistrich am jeweiligen Versende, V. 13: Punkt am Versende.

Verzweiflung (S. 59)
>   Überlieferung: 7 Bl., hs.
>   Entstehung: o. O., o. D.
>   Erstpublikation: UEGH
>   Erläuterungen: V. 9: »Prinz Eugen«: Eugen Franz, Prinz von Savoyen-Carignan (1663–1736) war ein bedeutender Feldherr des Habsburgerreiches. 1697 war er Oberbefehlshaber im Großen Türkenkrieg (1683–1699).

Liebeslied (S. 60)
>   Überlieferung: 3 Bl., masch.
>   Entstehung: o. O., o. D.
>   Erstpublikation: Als Teil des Hörspiels *Wege oder die Liebe – Legende eines Augenblicks* (EA: ORF Landesstudio Vorarlberg am 24.05.1985); dort V. 1: »Bestimmt, wir sind zerstreut«, Groß- und Kleinschreibung berücksichtigt.
>   Anmerkungen: In einer persönlichen Notiz schreibt KŞ: »Das Wort ›sicherlich‹ bekam ich von Nietsche (sic!), das Wort ›purpur‹ lernte ich von Trakl.«

Lebensfreude (S. 61)
Überlieferung: 8 Bl., masch.
Entstehung: o. O., o. D.
Erstpublikation: Bodenseehefte. Das aktuelle Monatsmagazin, (1983), Nr. 6,
S. 24; dort V. 9–V. 11: keine Interpunktion, weitere Abweichungen im Bereich des
formalen Aufbaus aufgrund veränderter Zeilensprünge und Strophik (Red.).
Anmerkungen: In einer persönlichen Notiz schreibt KŞ: »Ich konnte nie Klage
mit Plage reimen und obwohl ich Alliterationen wie frische Fische zu vermei-
den versuche, freute ich mich, als ich das einfache ›spielend fischen sie die seltsamsten Fische‹ schrieb, war ich stolz.«

Haben wir Zeit für die Lieder (S. 62)
Überlieferung: 7 Bl., masch., hs.
Entstehung: o. O., 14.03.1976
Erstpublikation: UEGH
Wieder in: Wiener Zeitung vom 07.10.1988, Beilage S. 2; dort V. 6: »Krampf«
(vermutl. Red.), weitere Abweichungen im Bereich des formalen Aufbaus auf-
grund veränderter Zeilensprünge und Strophik (vermutl. Red.).

Als ich kam, warst du nicht (S. 63)
Überlieferung: 6 Bl., masch.
Entstehung: o. O., o. D.
Erstpublikation: Als Teil des Hörspiels *Wege oder die Liebe – Legende eines
Augenblicks* (EA: ORF Landesstudio Vorarlberg am 24.05.1985).
Anmerkungen: Auf einem nachgelassenen Textzeugen des Gedichtes vermerkt
KŞ: »tha 17.02.1937«.

Das sind die alten Kleider von Lisbeth (S. 65)
Überlieferung: 10 Bl., masch.
Entstehung: o. O., o. D.
Erstpublikation: UEGH

November [Es scheint die Blätter und der Baum] (S. 66)
Überlieferung: 6 Bl., masch.
Entstehung: o. O., o. D.
Erstpublikation: Litfass. Zeitschrift für Literatur, Jg. 12 (1988), H. 44, S. 19.

IV. DIE LANGEWEILE DER FAHNEN

Sie haben sich nicht entfernt (S. 67)
Überlieferung: 9 Bl., masch.
Entstehung: o. O., o. D.
Erstpublikation: Als Teil des Hörspiels *Der lange Sonntag Osmans* (EA: ORF
Landesstudio Vorarlberg am 10.10.1982); dort V. 3: Kleinschreibung am Vers-
anfang.

Erstdruck in derselben Textgestalt der Erstpublikation in: Neue Texte aus Vorarlberg 3. Hörspiel. Herausgegeben vom Franz-Michael-Felder-Verein. Bregenz: Fink 1983, S. 232.

In derselben Textgestalt wieder in: Jeschke, Wolfgang (Hg.): Langsame Apokalypse. Internationale Science Fiction Erzählungen. München: Heyne 1986, S. 284.

Anmerkungen: Ein nachgelassener Textzeuge des Gedichtes trägt den Titel *Gastarbeiter*. Das Gedicht ist als englische Übersetzung nachgelassen. Der Handschrift zufolge lässt sich dieser Textzeuge jedoch nicht eindeutig KŞ zuordnen.

Der Held (S. 68)

Überlieferung: 8 Bl., masch.

Entstehung: o. O., o. D.

Erstpublikation: UEGH

Anmerkungen: In einem nachgelassenen Textzeugen des Gedichtes heißt es in V. 16: »in chile in amerika«. Das Gedicht ist als englische Übersetzung nachgelassen. Der Handschrift zufolge lässt sich dieser Textzeuge jedoch nicht eindeutig KŞ zuordnen.

Der stehende Arbeitslose (S. 69)

Überlieferung: 17 Bl., masch.

Entstehung: o. O., o. D.

Erstpublikation: UEGH

Bestimmt, ich habe wirklich nichts gesagt (S. 70)

Überlieferung: 5 Bl., masch.

Entstehung: o.O., 1971

Erstpublikation: UEGH

Trennung (S. 71)

Überlieferung: 11 Bl., masch.

Entstehung: o. O., o. D.

Erstpublikation: Neue Texte aus Vorarlberg 2. Lyrik. Herausgegeben vom Franz-Michael-Felder-Verein. Bregenz: Fink 1979, S. 125.

Wieder in: Als Teil des Hörspiels *Der lange Sonntag Osmans* (EA: ORF Landesstudio Vorarlberg am 10.10.1982) sowie in: Neue Texte aus Vorarlberg 3. Hörspiel. Herausgegeben vom Franz-Michael-Felder-Verein. Bregenz: Fink 1983, S. 221.

Die Langeweile der Fahnen (S. 72)

Überlieferung: 10 Bl., masch.

Entstehung: o. O., o. D.

Erstpublikation: Als Teil des Hörspiels *Wege oder die Liebe – Legende eines Augenblicks* (EA: ORF Landesstudio Vorarlberg am 24.05.1985).

Afrika (S. 73)

    Überlieferung: 7 Bl., masch., hs.

    Entstehung: o. O., 31.12.1978

    Erstpublikation: UEGH

    Anmerkungen: Eine nachgelassene Vorstufe des Gedichtes trägt den Titel *Ins Zauberhorn von Afrika.*

Nicht das Meer suchend (S. 74)

    Überlieferung: 13 Bl., masch.

    Entstehung: o. O., o. D.

    Erstpublikation: Neue Vorarlberger Tageszeitung vom 09.05.1981, S. 24; dort V. 43: »zum zweiten Mal zu erleben«, weitere Abweichungen im Bereich des formalen Aufbaus aufgrund veränderter Zeilensprünge und Strophik (Red.).

    Wieder in: Als Teil des Hörspiels *Der lange Sonntag Osmans* (EA: ORF Landesstudio Vorarlberg am 10.10.1982); dort V. 11, V. 12, V. 30: Punkt am jeweiligen Versende, V. 43: »zum zweiten Mal zu erleben«, weitere Abweichungen im Bereich des formalen Aufbaus aufgrund veränderter Zeilensprünge und Strophik; sowie in derselben Textgestalt in: Neue Texte aus Vorarlberg 3. Hörspiel. Herausgegeben vom Franz-Michael-Felder-Verein. Bregenz: Fink 1983, S. 219–220.

    Erläuterungen: V. 7: »Schattenburg«: Die Schattenburg ist eine mittelalterliche Höhenburg und Wahrzeichen der Stadt Feldkirch; V. 11: »Feldkirch«: Feldkirch ist die Hauptstadt des gleichnamigen Bezirks im Bundesland Vorarlberg (Österreich).

Die Trennung ist ein Sommer (S. 76)

    Überlieferung: 9 Bl., masch., hs.

    Entstehung: o. O., o. D.

    Erstpublikation: UEGH

Am Ende welcher Straße (S. 77)

    Überlieferung: 9 Bl., masch.

    Entstehung: o. O., o. D.

    Erstpublikation: Neue Vorarlberger Tageszeitung vom 09.05.1981, S. 24, dort V. 3, V. 11, V. 17: Kleinschreibung am jeweiligen Versanfang, V. 7: »Eure Hoffnung zernagelt durch tausend Stempel«, V. 14: »ich gehe nachhaus«, V. 27: »hat er zuhause gelassen«.

    Wieder in: Litfass. Berliner Zeitschrift für Literatur, Jg. 6 (1982), H. 24, S. 59; dort V. 3, V. 11, V. 17: Kleinschreibung am jeweiligen Versanfang, V. 14: »ich gehe nachhaus«, V. 27: »hat er zuhause gelassen«; Wiener Festwochen. Programmheft 1991, S. 53; dort Abweichungen im Bereich des formalen Aufbaus aufgrund veränderter Zeilensprünge und Strophik (Red.); Dağdevir, Yeliz/ Kurdoğlu Nitsche, Gerald (Hg.): »heim.at«. Burgaz Projekt. Gedichte von Migrantinnen und Migranten aus der Türkei in Österreich. Landeck: EYE 2004, S. 74; dort kein T., V. 14: »ich gehe nach haus«; sowie in: Gitterle, Bruno/ Kurdoğlu Nitsche, Gerald (Hg.): Neue österreichische Lyrik – und kein Wort Deutsch. Innsbruck/Wien: Haymon 2008, S. 42, dort kein T., V. 15: »Ali sagt: Diesen Winter bleibe ich noch – «.

Ich arbeite für zwei Länder (S. 79)

Überlieferung: 13 Bl., masch.; 1 Bl., hs., geh.

Entstehung: o. O., vermutl. 1978

Erstpublikation: Neue Texte aus Vorarlberg 2. Lyrik. Herausgegeben vom Franz-Michael-Felder-Verein. Bregenz: Fink 1979, S. 128; dort V. 11: »hinter den Bergen, wo«, Groß- und Kleinschreibung berücksichtigt.

In derselben Textgestalt der Erstpublikation wieder in: Als Teil des Hörspiels *Der lange Sonntag Osmans* (EA: ORF Landesstudio Vorarlberg am 10.10.1982) sowie in: Neue Texte aus Vorarlberg 3. Hörspiel. Herausgegeben vom Franz-Michael-Felder-Verein. Bregenz: Fink 1983, S. 225.

Anmerkungen: Ein nachgelassener Textzeuge des Gedichtes trägt den Titel *Weisheit*. Im selben Textzeugen heißt es in Strophe drei: »und dort / wo die Berge Meere trinken / welche Weisheit hat der Birnenbaum«.

Bahnhof (S. 80)

Überlieferung: 10 Bl., masch.

Entstehung: o. O., o. D.

Erstpublikation: Als Teil des Hörspiels *Der lange Sonntag Osmans* (EA: ORF Landesstudio Vorarlberg am 10.10.1982); dort V. 5: »über dem Sakarya-fluß ziehen reife wolken vorbei«, V. 8: »träumerischer unterernährung«.

Erstdruck in derselben Textgestalt der Erstpublikation in: Neue Texte aus Vorarlberg 3. Hörspiel. Herausgegeben vom Franz-Michael-Felder-Verein. Bregenz: Fink 1983, S. 228.

Wieder in: Jeschke, Wolfgang (Hg.): Langsame Apokalypse. Internationale Science Fiction Erzählungen. München: Heyne 1986, S. 286; dort V. 8 »träumerischer unterernährung«.

Erläuterungen: V. 5 »Sakaryafluß«: Der Sakarya ist ein Fluss in der Türkei. Nach Euphrat und Kızılırmak ist er der drittlängste Fluss des Landes.

Das Öl der Maschinen (S. 81)

Überlieferung: 6 Bl., masch., hs.

Entstehung: o. O., 14.08.1976

Erstpublikation: UEGH

Der kleine Italiener (S. 82)

Überlieferung: 8 Bl., masch., hs.

Entstehung: o. O., 23.10.1979

Erstpublikation: UEGH

Wenn ich unsterblich wäre (S. 83)

Überlieferung: 10 Bl., masch., hs.

Entstehung: o. O., 31.01.1979

Erstpublikation: Als Teil des Hörspiels *Ich wate in der Dunkelheit* (EA: ORF Landesstudio Vorarlberg am 03.12.1982).

Erstdruck: Foehn, Jg. 1, (1984), Nr. 1, S. 27.

Wieder in: Niederle, Helmuth A. (Hg.): Die Fremde in mir. Lyrik und Prosa

der österreichischen Volksgruppe und Zuwanderer. Ein Lesebuch. Klagenfurt/
Wien/Laibach: Hermagoras und Mohorjeva 1999, S. 284.

Draußen (S. 84)

    Überlieferung: 8 Bl., masch., hs.; 1 Bl., hs., geh.

    Entstehung: o. O., vermutl. 1977

    Erstpublikation: UEGH

    Wieder in: Neue Vorarlberger Tageszeitung vom 19.08.1988, S. 23; dort Abwei-
chungen im Bereich des formalen Aufbaus aufgrund veränderter Zeilensprünge
und Strophik (Red.).

    Erläuterungen: V. 7: »Trick-Track-Spielern«: Tricktrack ist ein mittelalterliches
Wurfbrettspiel. Heute ist vor allem die moderne Variante des Backgammons
bekannt.

    Korrekturen: V. 2: »Füsse« → »Füße« (vermutl. Druckfehler in UEGH).

V. IN DER HEIMAT MEINES SOHNES

Es ist immer zu früh (S. 85)

    Überlieferung: 3 Bl., masch.; 1 Bl., hs., geh.

    Entstehung: o. O., 03.03.1983

    Erstpublikation: UEGH

    Anmerkungen: In einem nachgelassenen Textzeugen des Gedichtes heißt es in
Strophe drei: »Wer einen Stempel / braucht und den bekommt / legt den ersten
Gang ein / im Nu / weißt du wieder / daß weiße Pferde sterben.«

Diesen Winter (S. 86)

    Überlieferung: 4 Bl., masch.; 1 Bl., hs., geh.

    Entstehung: o. O., 03.03.1983

    Erstpublikation: UEGH

    Wieder in: Aktion. Zeitung der Vorarlberger Arbeiterkammer, (1988), Nr. 6,
S. 9; dort Abweichungen im Bereich des formalen Aufbaus aufgrund veränder-
ter Zeilensprünge und Strophik (Red.); Salzburger Nachrichten vom 21.03.1992,
S. 4; Dağdevir, Yeliz/Kurdoğlu Nitsche, Gerald (Hg.): »heim.at«. Burgaz Pro-
jekt. Gedichte von Migrantinnen und Migranten aus der Türkei in Österreich.
Landeck: EYE 2004, S. 78; Gitterle, Bruno/Kurdoğlu Nitsche, Gerald (Hg.):
Neue österreichische Lyrik – und kein Wort Deutsch. Innsbruck/Wien: Hay-
mon 2008, S. 43 sowie in: Podium. Türkei, (2017), Nr. 183/184, S. 68.

    Anmerkungen: Das Gedicht ist als englische Übersetzung nachgelassen. Der Hand-
schrift zufolge lässt sich dieser Textzeuge jedoch nicht eindeutig KŞ zuordnen.

Die Heimat meines Sohnes (S. 87)

    Überlieferung: 5 Bl., masch., hs.

    Entstehung: o. O., 06.04.1983

    Erstpublikation: UEGH

In der Heimat meines Sohnes (S. 88)

    Überlieferung: 3 Bl., masch.; 1 Bl., hs., geh.

    Entstehung: o. O., 03.03.1983

    Erstpublikation: UEGH

    Wieder in: Hackl, Erich (Hg.): Österreichischer Literaturkalender 1996. Salzburg/Wien: Otto Müller 1995; Dağdevir, Yeliz/Kurdoğlu Nitsche, Gerald (Hg.): »hcim.at«. Burgaz Projekt. Gedichte von Migrantinnen und Migranten aus der Türkei in Österreich. Landeck: EYE 2004, S. 78; dort T.: »Die Heimat meines Sohnes«, V. 2: »das bisschen Hoffnung«; Gitterle, Bruno/Kurdoğlu Nitsche, Gerald (Hg.): Neue österreichische Lyrik – und kein Wort Deutsch. Innsbruck/Wien: Haymon 2008, S. 43, dort T.: »Die Heimat meines Sohnes«, V. 2: »das bisschen Hoffnung«; sowie in: Podium. Türkei, (2017), Nr. 183/184, S. 68; dort T.: »Die Heimat meines Sohnes«, V. 2: »das bisschen Hoffnung«, V. 10: Punkt am Satzende.

Dynastie (S. 89)

    Überlieferung: 4 Bl., masch. (Korr.)

    Entstehung: o. O., o. D.

    Erstpublikation: UEGH

VI. KUSS UM KUSS RACHE NEHMEND

Während ich meine Hände wasche (S. 90)

    Überlieferung: 2 Bl., masch.

    Entstehung: o. O., 17.08.79

    Erstpublikation: Als Teil des Hörspiels *Wege oder die Liebe – Legende eines Augenblicks* (EA: ORF Landesstudio Vorarlberg am 24.05.1985); dort V. 6–V. 7: »etwas Sommer, anmaßende Ruhe der Sonnenblume / auf den Tellern,«, V. 15: Kleinschreibung am Versanfang, V. 18: Punkt am Versende, V. 19: Kleinschreibung am Versanfang, V. 25: »Aber wie lange noch zu fliehen«.

    Anmerkungen: Ein nachgelassener Textzeuge des Gedichtes trägt den Titel *Die Pension.*

    Korrektur: Falsche Zeilensprünge (vermutl. Satz in Druckvorlage UEGH) auf Grundlage der nachgelassenen Textzeugen korrigiert.

Mein Vater badet allein (S. 92)

    Überlieferung: 2 Bl., masch., hs.

    Entstehung: o. O., o. D.

    Erstpublikation: Als Teil des Hörspiels *Wege oder die Liebe – Legende eines Augenblicks* (EA: ORF Landesstudio Vorarlberg am 24.05.1985); dort V. 5: Beistrich am Satzende, V. 6, V. 10: Punkt am jeweiligen Satzende.

    Erstdruck: UEGH

Wenn ich dich wie einen Apfel (S. 93)
>   Überlieferung: 2 Bl. masch., hs.
>   Entstehung: o. O., o. D.
>   Erstpublikation: Als Teil des Hörspiels *Wege oder die Liebe – Legende eines Augenblicks* (EA: ORF Landesstudio Vorarlberg am 24.05.1985); dort V. 10: Beistrich am Satzende.
>   Erstdruck: UEGH

Sobald ich die Augen schließe (S. 94)
>   Überlieferung: 6 Bl., masch., hs.
>   Entstehung: o. O., 20.04.1983
>   Erstpublikation: UEGH
>   Anmerkungen: In einer persönlichen Notiz schreibt KŞ: »Der Meister, der Weintrauben aß, auf einem Pflaumenbaum, war doch der große Yunus Emre.« In Yunus Emres Gedicht *Çıktım erik dalına* heißt es: »Stieg ich auf den Pflaumen-Ast, / Trauben dort zu essen. / Wütend sprach der Gärtner da: / ›Ißt du meine Walnuß?‹« Yunus Emre (1240–1321) war ein türkischer Dichter und antiorthodoxer Sufi-Mystiker. Er gilt als Schüler des muslimischen Mystikers Hacı Bektaş-ı Veli.

Die Liebe spaltet (S. 95)
>   Überlieferung: 1 Bl., masch.
>   Entstehung: o. O., o. D.
>   Erstpublikation: Als Teil des Hörspiels *Wege oder die Liebe – Legende eines Augenblicks* (EA: ORF Landesstudio Vorarlberg am 24.05.1985); dort V. 6: »mit Strümpfen aus Nebel um ihre Beine«.
>   Erstdruck: UEGH
>   Erläuterungen: V. 9 »Kehrreim«: Ein Kehrreim ist die regelmäßige Wiederholung von Versen innerhalb eines strophisch aufgebauten Gedichtes oder Liedes, besser bekannt auch als Refrain (von altfranz. *refraindre*: »wiederholen«).

Wenn ich mein Gewicht (S. 96)
>   Überlieferung: 1 Bl. masch. (Kopie)
>   Entstehung: o. O., o. D.
>   Erstpublikation: Als Teil des Hörspiels *Wege oder die Liebe – Legende eines Augenblicks* (EA: ORF Landesstudio Vorarlberg am 24.05.1985).
>   Erstdruck: UEGH
>   Wieder in: Dağdevir, Yeliz/Kurdoğlu Nitsche, Gerald (Hg.): »heim.at«. Burgaz Projekt. Gedichte von Migrantinnen und Migranten aus der Türkei in Österreich. Landeck: EYE 2004, S. 54; dort V. 4: »dass ich denke«, V. 7: »dass du mir«.

Zufluchtsort, schwarz (S. 97)
>   Überlieferung: 3 Bl., hs.
>   Entstehung: o. O., 12.08.1976
>   Erstpublikation: Als Teil des Hörspiels *Ich wate in der Dunkelheit* (EA: ORF Landesstudio Vorarlberg am 03.12.1982).

Erstdruck: UEGH
Anmerkungen: In einem nachgelassenen Textzeugen trägt das Gedicht den
Titel *Vergewaltigung*.

Die Angespanntheit meiner Jugend (S. 98)
Überlieferung: 8 Bl. masch., hs.
Entstehung: o. O., 17.04.1983
Erstpublikation: Als Teil des Hörspiels *Wege oder die Liebe* – *Legende eines
Augenblicks* (EA: ORF Landesstudio Vorarlberg am 24.05.1985); dort V. 30:
»Doch ich will nicht zurück, denn«.
Erstdruck: UEGH

Ich kenne die Welle der Gnade nicht (S. 100)
Überlieferung: 1 Bl., hs.
Entstehung: o. O., 04.01.1983
Erstpublikation: Als Teil des Hörspiels *Wege oder die Liebe* – *Legende eines
Augenblicks* (EA: ORF Landesstudio Vorarlberg am 24.05.1985).
Erstdruck: UEGH

Am Morgen (S. 101)
Überlieferung: 20 Bl., masch., hs.
Entstehung: o. O., 05.05.1984; 06.05.1984
Erstpublikation: UEGH
Wieder in:»V«. Vorarlberger Zeitschrift für Literatur, (2009), Nr. 22/23, S. 253.

Şurdum, Kundeyt: *Kein Tag geht spurlos vorbei.* Gedichte.
Eggingen: Edition Isele 2002.

Umfang: 8 Gedichtzyklen mit insgesamt 80 Gedichten, 112 Seiten

Druck: Gedruckt mit Unterstützung der Kulturabteilung des
Amtes der Vorarlberger Landesregierung sowie der Propstei
St. Gerold.

Nachwort von Sigurd Paul Scheichl:
»Die deutsche und die österreichische Wirtschaft haben von den großen Migrations-
bewegungen der letzten Jahrzehnte profitiert, reicher geworden sind auch die deutsche
und die österreichische Literatur. Kundeyt Şurdum hat in seinem bürgerlichen Berufs-
leben erfolgreich für jene gearbeitet, seine Lyrik ist ein Gewinn für diese. Die Gedichte
dieses Türken sind deutsche Gedichte hohen Ranges, wenn denn bewusste Sprachge-
staltung den Rang von Gedichten bestimmt.

Deutsche Gedichte. Gedichte ›in meiner deutschen Sprache‹, wie es in einem davon
selbstbewusst heißt. Die Annexion der fremden Sprache (die freilich schon die Sprache
von Şurdums Schule gewesen ist), die ausdrückliche Inbesitznahme des Deutschen ist für
diese Verse ganz wichtig, deren Thema keineswegs allein der Gegensatz zwischen Herkunft und neuer Heimat des Autors, zwischen der türkischen und der österreichischen
Kultur, ist.

Gewiss: Gerade das eben zitierte Gedicht ›Genugtuung in der Fremde‹ gestaltet den
›aufregenden‹ Umgang mit der neuen Sprache; aber kennen wir nicht auch in unserer (zu)
selbstverständlichen Muttersprache – selbst als Lesende, und ganz gewiss als gelegentlich
Schreibende – das ›reiten auf unbekannten ebenen‹, das ›stolpern auf den fremden steinen‹? Kundeyt Şurdum schreibt hier in Wahrheit nicht über die Arbeit mit und in einer
fremden, sondern über dichterischen Umgang mit Sprache.

Die Erfahrung eines Menschen, der aus einer Welt in eine andere gezogen ist – ›etwas in mir das alles in zwei teilt‹ –, klingen, als ein Thema unter anderen, in diesen
Versen an, das lässt sich nicht bestreiten, auch in ›Mein Schlaf kommt aus dem Meer‹,
›Schuhe II‹, ›das heute‹ und weiteren Gedichten. Aber Şurdum ist trotz dieser und jener
Anspielung auf die Kultur seiner Heimat (etwa der Kontrastierung des türkischen Musi-
kers Itri und seines Zeitgenossen Bach im Gedicht ›Sie verstehen von Bach nichts‹) und
auf türkische Orte, ist trotz der Gedichte im Band *Landlos* von 1991 nicht der oder ein
Dichter der Türken, die ökonomische Zwänge nach Österreich verschlagen haben.

Viele Gedichte dieses neuen Bands, vielleicht die besonders charakteristischen, lassen sich der Formtradition des Epigramms zuordnen; türkische Gedichtformen mögen
manchmal im Hintergrund der Entscheidung für diese Formen stehen. Şurdum verfließt
nicht in Gefühlen, sondern strukturiert seine Verse streng in Hinblick auf innere Span-
nung, durch Parallele und Kontrast, vor allem mit dem Willen zur Zuspitzung in der
Pointe.

›Meine Mutter sagte mir‹ ist ein recht beliebig herausgegriffenes Beispiel für diese
Art von Versen. Ihre Wirkung beruht vor allem auf der Parallele zwischen drei Konditio-
nalsätzen: ›wenn du dich setzen willst‹, ›wenn du den mund auftust um zu sprechen‹,

›wenn ich schreibe‹ und zwischen ›sagte mir‹ und ›sagte mir aber nicht‹. Der Wechsel von ›du‹ zu ›ich‹ zeigt die Grenzen des Parallelismus: Die Ratschläge an den Sohn genügen für das Ich nicht, das beim Schreiben allein ist, ohne Beraterin. Regeln des Verhaltens für den Schreibenden gibt es nicht, oder sie werden nicht gelehrt: nicht bloß die Erfahrung eines in einer anderen Sprache Fremden, sondern die Erfahrung eines jeden, der sich auf eine künstlerische Tätigkeit einlässt. Die Zuspitzung auf die so einfache letzte Zeile: ›wenn ich schreibe‹ ist ein intellektueller wie ein ästhetischer Genuss.

Epigrammatische Lyrik ist Gedankenlyrik; man kann dafür diesen heute in Misskredit geratenen Begriff schwer vermeiden. Kundeyt Şurdums Gedichte sind in der Tat gedanklich geprägt, etwa ›Er sang‹, wo scheinbar eine Geschichte angedeutet, eigentlich aber von der Widerstandskraft der Gedichte gesprochen wird, in einem Wechselspiel von ›schweigen‹ und ›sang‹, bis zur Pointe ›begann er mit einem Lied‹.

Ein weiteres Gedicht über Gedichte, über das Schreiben – von denen dieser Band einige enthält – ist ›kein tag geht spurlos‹, das auf die vorletzte Zeile ›schreibe ich die erste Zeile‹ hinausläuft. ›Der Platz auf dem du gehst ist hell‹ deutet an, wie sich Schreiben in das Leben einmischt, eine Chance im Leben zerstören kann.

Manche Gedichte scheinen einen politischen Hintergrund zu haben. ›Was dort nicht erlaubt ist‹ wird man (vielleicht allzu rasch) auf den Gegensatz zwischen der Türkei und Westeuropa beziehen; der Gegensatz zwischen ›dort‹ und ›hier‹, ›hier‹ und ›dort‹ – die schlichte und zugleich sehr bewusste Anordnung der Ortsadverbien ist wiederum Ausdruck von Şurdums Willen zum Strukturieren – gipfelt dann freilich in einer Pointe, die man schwerlich nur politisch lesen kann:

Aber was wir vermissen
ist nicht zu finden
weder dort noch hier

Auch Gedichte über Privates, ›Eine Ehe‹ beispielsweise, weisen diese klare, gedanklich geprägte Struktur auf, zerfließen nicht in Gefühlen. Das Bild für die Übereinstimmung zwischen der Frau und dem Mann ist, aus der Sicht des Mannes, das alltägliche Nebeneinandersitzen, während die Frau strickt. Das Gedicht, kurz wie die meisten dieses Lyrikers, reiht in ganz knappen Andeutungen Erfahrungen des Alltags aneinander – bis zum letzten Vers ›Dein Kopf gelehnt an meinen‹, der pointierend dieses Miteinander zweier Leben zusammenfasst.

Trotz diesem vom Intellekt bestimmten Bau sind die Gedichte Şurdums keineswegs gedankenüberfrachtet; er ist alles eher denn ein Dichter, der abstrakte Konzepte mehr oder minder geschickt in Gedichtsprache umsetzt. Davor schützt ihn sein Blick für das Konkrete, Einfache, Alltägliche. Aus dem entwickelt sich das Gedankliche heraus, ganz selbstverständlich. Oder eigentlich: In jenem erkennt der Autor die ›großen‹ Konflikte, die seinen, die der Menschen mit seinem Schicksal, die unseren.

Vor der Abstraktion mögen ihn auch die Grenzen seiner Sprache schützen. Mit Grenzen seiner Sprache meine ich nicht so etwas wie mangelnde Beherrschung des Deutschen; davon kann keine Rede sein. Aber dem Autor, der aus einem anderen kulturellen Umfeld kommt, der auch in einer anderen Sprache denken kann, sind die gängigen (und auch schon manchmal klischeehaften) Abstraktionen der erlernten Sprache, die gängigen Denkbahnen des Deutschen nicht so rasch zur Hand wie einem, der in dieser Sprache aufgewachsen ist.

Das schützt ihn vor dem Abgleiten in des Gedankens Blässe; Şurdums Sprache ist einfach, lakonisch, bleibt bei den Dingen und den klaren Gefühlen, sein Deutsch ist erstaunlich unverbraucht.

Von Şurdums Hang zur Kürze habe ich schon gesprochen; die wenigen langen Gedichte und die Anordnung der Gedichte zu kleinen Zyklen – die spielerisch eine ältere Form von Gebrauchslyrik aufnehmenden ›Abreißgedichte‹ sind sogar durch den Kalender gegliedert – darf man freilich nicht übersehen.

In ein Nachwort gehören einige Informationen zum Leben dieses österreichischen Autors: Kundeyt Şurdum, tscherkessischer Abstammung, ist 1937 in der Türkei geboren. In Istanbul, wo er aufgewachsen ist, besuchte er ein österreichisches Gymnasium; das Deutsche ist also früh seine zweite Bildungssprache geworden, aus der er schon als Student ins Türkische übersetzt hat. Nach mehreren Aufenthalten in der Bundesrepublik Deutschland ist er 1971 mit seiner Frau nach Österreich gezogen, in das hochindustrialisierte westlichste Bundesland Vorarlberg, in dem mehr als 10 % der Bevölkerung türkische Staatsbürger sind. Für diese Landsleute ist Şurdum publizistisch tätig, für sie dolmetscht und übersetzt, ihre Kinder unterrichtet er. Hier hat er Kontakt zur lokalen Literaturszene gefunden, hier hat er endgültig – in einer vom alemannischen Dialekt geprägten Umwelt – die deutsche Sprache zur Sprache seiner Gedichte gemacht (wenn auch nicht zu ihrer ausschließlichen Sprache, denn manchmal schreibt er noch, oder wieder, türkische Lyrik).

Weggeworfen hat Şurdum viel, veröffentlicht wenig: zwei schmale Lyrikbände, *Unter einem geliehenen Himmel* (1988), *Landlos. Türken in Vorarlberg, Gedichte zu einem Band mit Fotos von Nikolaus Walter* (1991) – beide Bände sind noch nicht so stark durch Knappheit und Pointiertheit der Gedichte gekennzeichnet wie dieser, setzen dafür häufiger klangliche Effekte ein –; einzelne Gedichte in österreichischen Literaturzeitschriften; einige von Studio Vorarlberg produzierte Hörspiele. Das Streben nach ständiger Präsenz in Zeitschriften und Medien ist ihm – fast möchte man sagen: leider – fremd, er entzieht sich dem Literaturbetrieb. 1996 hat er den Johann Peter Hebel-Preis erhalten.

Zum Abschluss noch drei Zitate, die für sich stehen sollen, nicht zufällig aus zugespitzten Schlüssen von Gedichten. Zuerst aus einem über die frühere Heimat (›Schuhe II‹):

> Ich fahre gerne von Üsküdar weg
> Ich fahre gerne von Üsküdar weg
> Ich fahre gerne von Üsküdar nach Üsküdar

›Sie verstehen von Bach nichts‹, eines der Gedichte über das Schreiben, gipfelt in den Zeilen:

> Unzufriedenheit ist mir angeboren.

> Ich mache daraus einen Küchentisch,
> ein Küchenmesser und viele Tassen Tee.

Und zuletzt ein aphoristisch konzentriertes Verspaar, ein ›Abreißgedicht‹ für den Monat November:

> Wie bin ich zu diesem November gelangt
> fragte er sich in der Straßenbahn
> Es war doch September

Es sind deutsche Gedichte, ohne Frage, aber ihre Klarheit des Sehens, des Deutens und des Formulierens bewahrt etwas Mediterranes. Kundeyt Şurdum, ein Dichter, der von weit her kommt, hat mit dieser Helle und Leuchtkraft seiner Verse unsere Literatur bereichert.«

I. BIS ZUR LIEBE

Als Kind wünschte ich (S. 105)
    Überlieferung: 6 Bl., masch., hs.
    Entstehung: o. O., 05.05.1984
    Erstpublikation: Allmende. Zeitschrift für Literatur, Jg. 21 (2001), Nr. 70/71, S. 143.
    Wieder in: Signum. Blätter für Literatur und Kritik, Jg. 9 (2008), H. 1, S. 54; dort V. 4: »borge ich mein Gesciht« (Red.); sowie in: »V«. Vorarlberger Zeitschrift für Literatur, (2009), Nr. 22/23, S. 253.

die liebe (S. 106)
    Überlieferung: 6 Bl., masch., hs.
    Entstehung: o. O., 26.05.1984
    Erstpublikation: Als Teil des Hörspiels *Wege oder die Liebe – Legende eines Augenblicks* (EA: ORF Landesstudio Vorarlberg am 24.05.1985); dort V. 4: »eher beschläft sie«, Groß- und Kleinschreibung berücksichtigt, weitere Abweichungen im Bereich des formalen Aufbaus aufgrund veränderter Zeilensprünge und Strophik.
    Erstdruck: Allmende. Zeitschrift für Literatur, Jg. 21 (2001), Nr. 70/71, S. 143.
    Als Faksimile (Manuskript) wieder in: Längle, Ulrike/Thaler, Jürgen (Hg.): Herzblut. Tinte. Druckerstrahl. Schätze aus dem Felder Archiv. Gutach: Drey 2015, S. 59; dort V. 4 »ehe beschlägt sie«, Groß- und Kleinschreibung berücksichtigt.

bis zur liebe (S. 107)
    Überlieferung: 4 Bl., masch.
    Entstehung: o. O., o. D.
    Erstpublikation: Allmende. Zeitschrift für Literatur, Jg. 21 (2001), Nr. 70/71, S. 144.

Maulana (S. 108)

Überlieferung: 6 Bl., masch.

Entstehung: o. O., o. D.

Erstpublikation: Allmende. Zeitschrift für Literatur, Jg. 21 (2001), Nr. 70/71, S. 144.

Anmerkungen: In einem nachgelassenen Textzeugen heißt es in V. 10: »ob wir uns freuen oder jammern sollen«.

Erläuterungen: T., V. 14: »Maulana«: Maulana Rumi (1207–1273) war ein persischer Sufi-Mystiker und älterer Zeitgenosse Yunus Emres.

Kein Vorsatz (S. 109)

Überlieferung: 4 Bl., masch., hs.

Entstehung: o. O., 19.05.1993, 02:00 Uhr

Erstpublikation: Literatur und Kritik, (1996), Nr. 309/310, S. 59; dort V. 2, V. 8: Punkt am jeweiligen Versende, V. 6, V. 10: Beistrich am jeweiligen Versende.

Wieder in: Allmende. Zeitschrift für Literatur, Jg. 21 (2001), Nr. 70/71, S. 145; dort V. 10: Beistrich am Versende; sowie in: Signum. Blätter für Literatur und Kritik, Jg. 9 (2008), H. 1, S. 54.

Manche Gedichte (S. 110)

Überlieferung: 5 Bl., masch., hs.

Entstehung: o. O., o. D.

Erstpublikation: Allmende. Zeitschrift für Literatur, Jg. 21 (2001), Nr. 70/71, S. 144.

Anmerkungen: KŞ widmet das Gedicht Ulrike Längle. Ulrike Längle (1953) ist eine österreichische Literaturwissenschaftlerin und Schriftstellerin.

Mein Abend (S. 111)

Überlieferung: 6 Bl., masch., hs.; 1 Bl., hs., geh.

Entstehung: o. O., 15.03.1983

Erstpublikation: Als Teil des Hörspiels *Wege oder die Liebe – Legende eines Augenblicks* (EA: ORF Landesstudio Vorarlberg am 24.05.1985); dort V. 6–V. 9: »Mein Abend liebt im Nu. / was an Hoffnung / übrigbleibt, entgeht ihm nicht. / Denn wir gleichen uns. / ich halte dich an deinem Handgelenk«.

Erstdruck: KTGSV

Anmerkungen: Ein nachgelassener Textzeuge trägt den Titel *In der Mitte einer Liebe*.

man sagt (S. 112)

Überlieferung: 12 Bl., masch. (Korr.)

Entstehung: o. O., o. D.

Erstpublikation: KTGSV

Mutter (S. 113)

Überlieferung: 9 Bl., masch., hs.

Entstehung: o. O., 23.11.1983, 13:30 Uhr; 03.12.1983, 03:00 Uhr

Erstpublikation: KTGSV

Es gibt viele Dinge (S. 114)

    Überlieferung: 2 Bl., masch., hs.

    Entstehung: o. O., 20.05.1982

    Erstpublikation: V. Poesie International Dornbirn 1999, (1999) Nr. 4, S. 7; dort V. 7: »Wieso steht es im Koran, daß«.

    Wieder in: Dağdevir, Yeliz/Kurdoğlu Nitsche, Gerald (Hg.): »heim.at«. Burgaz Projekt. Gedichte von Migrantinnen und Migranten aus der Türkei in Österreich. Landeck: EYE 2004, S. 134; dort ohne T., V. 5: »Würde sich etwas ändern«, V. 7: »Wieso steht im Koran, dass«, V. 9, V. 11: Großschreibung am Versanfang; sowie in: Gitterle, Bruno/Kurdoğlu Nitsche, Gerald (Hg.): Neue österreichische Lyrik – und kein Wort Deutsch. Innsbruck/Wien: Haymon 2008, S. 42, dort kein T., V. 1–V. 2: »Es gibt viele Dinge / die ich nicht verstehe«, V. 7: »Wieso steht im Koran, dass«.

Ich möchte etwas tun für meinen sohn I (S. 115)

    Überlieferung: 4 Bl., masch., hs. (Korr.)

    Entstehung: o. O., 24.03.1998

    Erstpublikation: KTGSV

    Anmerkungen: In einem nachgelassenen Textzeugen trägt das Gedicht den Titel *Gedicht mit nebeligen Wörtern*.

Ich möchte etwas tun für meinen sohn II (S. 115)

    Überlieferung: 4 Bl., masch., hs. (Korr.)

    Entstehung: o. O., 24.03.1998

    Erstpublikation: KTGSV

    Anmerkungen: In einem nachgelassenen Textzeugen trägt das Gedicht den Titel *Gedicht mit nebeligen Wörtern*.

Wärme I (S. 116)

    Überlieferung: 7 Bl., masch., hs.

    Entstehung: o. O., 14.01.1987

    Erstpublikation: Literatur und Kritik, (1996), Nr. 309/310, S. 61; dort V. 4, V. 12: Punkt am jeweiligen Versende, V. 8: »die sind warm.«

Wärme II (S. 117)

    Überlieferung: 4 Bl., masch.

    Entstehung: o. O., 14.01.1987

    Erstpublikation: Literatur und Kritik, (1996), Nr. 309/310, S. 61; dort V. 2, V. 4: Punkt am jeweiligen Versende.

    Wieder in: Dağdevir, Yeliz/Kurdoğlu Nitsche, Gerald (Hg.): »heim.at«. Burgaz Projekt. Gedichte von Migrantinnen und Migranten aus der Türkei in Österreich. Landeck: EYE 2004, S. 132; dort T.: »Wärme«; sowie in: Podium. Türkei, (2017), Nr. 183/184, S. 69; dort T.: »Wärme«, V. 1: Beistrich am Versende, V. 4: »sehe ich, was ich will«, V. 7: Punkt am Versende.

Wärme III (S. 118)
Überlieferung: 2 Bl., masch.
Entstehung: o. O., o. D.
Erstpublikation: KTGSV

II. DIE FALSCHE VEREINIGUNG

Ehemann (S. 119)
Überlieferung: 1 Bl., masch.
Entstehung: o. O., o. D.
Erstpublikation: Als Teil des Hörspiels *Wege oder die Liebe – Legende eines Augenblicks* (EA: ORF Landesstudio Vorarlberg am 24.05.1985); dort V. 1: »Alles sah ich, die Armut«, V. 2: »die keine Hoffnung brauchte«, V. 12: Punkt am Versende.
Erstdruck: KTGSV

Ehefrau I (S. 120)
Überlieferung: 1 Bl., masch.
Entstehung: o. O., o. D.
Erstpublikation: Als Teil des Hörspiels *Wege oder die Liebe – Legende eines Augenblicks* (EA: ORF Landesstudio Vorarlberg am 24.05.1985); dort V. 2: »er Fabriken, die Perlen auswerfen«, V. 4–V. 5: »Sprengstoff, aus den Sprengstoffen / Fahrzeuge, die die Lüfte zerrissen.«, V. 8: Großschreibung am Versanfang, weitere Abweichungen im Bereich des formalen Aufbaus aufgrund veränderter Zeilensprünge und Strophik.
Erstdruck: KTGSV

Ehefrau II (S. 121)
Überlieferung: 6 Bl., masch.
Entstehung: o. O., o. D.
Erstpublikation: Als Teil des Hörspiels *Wege oder die Liebe – Legende eines Augenblicks* (EA: ORF Landesstudio Vorarlberg am 24.05.1985); dort mit Endpunkt, weitere Abweichungen im Bereich des formalen Aufbaus aufgrund veränderter Zeilensprünge und Strophik.
Erstdruck: KTGSV

Die falsche Vereinigung (S. 122)
Überlieferung: 20 Bl., masch., hs. (Korr.)
Entstehung: o. O., o. D.
Erstpublikation: Als Teil des Hörspiels *Wege oder die Liebe – Legende eines Augenblicks* (EA: ORF Landesstudio Vorarlberg vom 24.05.1985); dort V. 15, V. 25: Kleinschreibung am jeweiligen Versanfang, V. 21: »nach einer Nacht,«.
Erstdruck: KTGSV
Anmerkungen: Eine Fassung des Gedichtes wurde unter gleichnamigem Titel (siehe S. 266) veröffentlicht in: 33 – 3. Katalog des Vorarlberger Autorenverban-

des. Hg. vom Vorarlberger Autorenverband, dem Franz-Michael-Felder- und Vorarlberger Literaturarchiv. Hard: Hecht 1986, S. 94. In derselben Fassung wieder in: Gabriel, Ulrich/Mörth, Wolfgang (Hg.): Heimatstern. Anthologie Literatur Vorarlberg. Dornbirn: Unartproduktion 2019 (V#34), S. 175–177.

Eine Ehe (S. 124)

Überlieferung: 6 Bl., masch.

Entstehung: o. O., o. D.

Erstpublikation: KTGSV

Wieder in: Podium. Türkei, (2017), Nr. 183/184, S. 69; dort V. 6: »Ich sitze neben dir«, V. 7: »Du strickst da mit gebeugtem Kopf«, V. 12: »Tage vergehen, Jahre, Geliebte«, V. 14: »Saubere Augenblicke, Langeweile, Freude«, V. 16: Punkt am Versende.

Anmerkung: Ein nachgelassener Textzeuge trägt den Titel *Ehe* sowie einen hs. Vermerk »Chr. Mähr« (vermutl. Christian Mähr). Christian Mähr (1952) ist ein österreichischer Schriftsteller.

Beziehungen (S. 125)

Überlieferung: 8 Bl., masch.; 3 Bl., hs., geh.

Entstehung: o. O., vermutl. 1978

Erstpublikation: KTGSV

kuß und zeit des greisen (S. 126)

Überlieferung: 16 Bl., masch.

Entstehung: o. O., o. D.

Erstpublikation: Als Teil des Hörspiels *Wege oder die Liebe – Legende eines Augenblicks* (EA: ORF Landesstudio Vorarlberg am 24.05.1985); dort V. 24–V. 25: »geschwächte / Weite der Meere mein / toter Tag«, V. 27–V. 28: »ich küsse dich / mit grauen Haaren«, Groß- und Kleinschreibung berücksichtigt.

Erstdruck: KTGSV

Wieder in: »V«. Vorarlberger Zeitschrift für Literatur, (2009), Nr. 22/23, S. 254; dort V. 20: »lass die blickketten zerschellen«.

III. ABREISSGEDICHT

Januar (S. 128)

Überlieferung: 1 Bl., masch.

Entstehung: o. O., o. D.

Erstpublikation: KTGSV

Der Februar (S. 128)

Überlieferung: 2 Bl., masch., hs. (2 Fass.)

Entstehung: o. O., o. D.

Erstpublikation: KTGSV

Anmerkungen: Ein nachgelassener Textzeuge des Gedichtes trägt den Titel *Der*

September. Darin heißt es: »Als wäre der August noch nicht fertig / fühlt sich der September überflüssig.«

März (S. 128)
    Überlieferung: 1 Bl., masch.
    Entstehung: o. O., o. D.
    Erstpublikation: KTGSV

April (S. 128)
    Überlieferung: 2 Bl., masch., hs.
    Entstehung: o. O., o. D.
    Erstpublikation: KTGSV

Mai (S. 129)
    Überlieferung: 7 Bl., masch.
    Entstehung: o. O., o. D.
    Erstpublikation: Literatur und Kritik, (1996), Nr. 309/310, S. 60; dort ganzheitliche Kleinschreibung.

Juni (S. 129)
    Überlieferung: 2 Bl., masch.
    Entstehung: o. O., o. D.
    Erstpublikation: KTGSV

Juli (S. 129)
    Überlieferung: 3 Bl., masch., hs. (3 Fass.)
    Entstehung: o. O., o. D.
    Erstpublikation: KTGSV
    Anmerkungen: Das Gedicht ist in zwei unveröffentlichten Fassungen nachgelassen. Darin heißt es: »Ein Lächeln erinnerte ihn / an seine Jugend / Es war im langsamen Oktober« sowie »Ein Lächeln erinnerte ihn / an seine Jugend / Es war der langsame November«.

August (S. 129)
    Überlieferung: 1 Bl., masch.
    Entstehung: o. O., o. D.
    Erstpublikation: KTGSV

September (S. 129)
    Überlieferung: 1 Bl., masch.
    Entstehung: o. O., o. D.
    Erstpublikation: Literatur und Kritik, (1996), Nr. 309/310, S. 60; dort ganzheitliche Kleinschreibung.

Der Oktober (S. 130)
>   Überlieferung: 2 Bl., masch., hs.
>   Entstehung: o. O., o. D.
>   Erstpublikation: KTGSV

November [Wie bin ich zu diesem November gelangt] (S. 130)
>   Überlieferung: 2 Bl., masch., hs. (2 Fass.)
>   Entstehung: o. O., o. D.
>   Erstpublikation: KTGSV
>   Anmerkungen: Das Gedicht ist als unveröffentlichte Fassung nachgelassen.
>   Darin heißt es: »Wie bin zu diesem Oktober gelangt / fragte er sich vor dem
>   Schaufenster / Es wurde November«.

Dezember (S. 130)
>   Überlieferung: 7 Bl., masch.
>   Entstehung: o. O., o. D.
>   Erstpublikation: Literatur und Kritik, (1996), Nr. 309/310, S. 60; dort V. 2: »das
>   nicht-lieben«, ganzheitliche Kleinschreibung, weitere Abweichungen im Be-
>   reich des formalen Aufbaus aufgrund veränderter Zeilensprünge.

Der namenlose Monat (S. 130)
>   Überlieferung: 3 Bl., masch., hs.
>   Entstehung: o. O., o. D.
>   Erstpublikation: KTGSV

IV. GENUGTUUNG IN DER FREMDE

Galata-Brücke (S. 131)
>   Überlieferung: 12 Bl., masch., hs.; 1 Bl., hs., geh.
>   Entstehung: o. O., vermutl. 1977
>   Erstpublikation: KTGSV
>   Wieder in: Dağdevir, Yeliz/Kurdoğlu Nitsche, Gerald (Hg.): »heim.at«. Burgaz
>   Projekt. Gedichte von Migrantinnen und Migranten aus der Türkei in Öster-
>   reich. Landeck: EYE 2004, S. 71; dort T., V. 1: »Galatabrücke«, weitere Abwei-
>   chungen im Bereich des formalen Aufbaus aufgrund veränderter Zeilensprünge
>   und Strophik.
>   Erläuterungen: T., V. 1: »Galatabrücke«: Die Galatabrücke ist eine künstliche
>   Querung des sogenannten Goldenen Horns – eines sieben Kilometer langen
>   Meeresarms am Bosporus in Istanbul.

ich beobachte gerne (S. 132)
>   Überlieferung: 2 Bl., masch.
>   Entstehung: o. O., o. D.
>   Erstpublikation: Allmende. Zeitschrift für Literatur, Jg. 18 (1998), Nr. 58/59,
>   S. 281.

Was dort nicht erlaubt ist (S. 133)
　　Überlieferung: 2 Bl., masch., hs.
　　Entstehung: o. O., o. D.
　　Erstpublikation: Allmende. Zeitschrift für Literatur, Jg. 18 (1998), Nr. 58/59,
　　S. 280; dort V. 4: Kleinschreibung am Versanfang; sowie in: Allmende. Zeit-
　　schrift für Literatur, Jg. 21 (2001), Nr. 70/71, S. 146.

Sie verstehen von Bach nichts (S. 134)
　　Überlieferung: 7 Bl., masch., hs.
　　Entstehung: o. O., o. D.
　　Erstpublikation: Allmende. Zeitschrift für Literatur, Jg. 18 (1998), Nr. 58/59, S. 282.
　　Erläuterungen: V. 2: »Itri«: Buhurizade Mustafa Itri (1640–1712), auch bekannt
　　als Mustafa Efendi oder einfach nur Itri, war ein osmanischer Komponist, Sän-
　　ger und Dichter. Er ist jüngerer Zeitgenosse Johann Sebastian Bachs.

Schuhe I (S. 135)
　　Überlieferung: 6 Bl., masch. (2 Fass.)
　　Entstehung: o. O., o. D.
　　Erstpublikation: KTGSV
　　Anmerkungen: Das Gedicht ist als Fassung (siehe S. 281) Teil des Hörspiels *Der
　　lange Sonntag Osmans* (EA: ORF Landesstudio Vorarlberg am 10.10.1982). In
　　derselben Fassung wieder in: Neue Texte aus Vorarlberg 3. Hörspiel. Herausge-
　　geben vom Franz-Michael-Felder-Verein. Bregenz: Fink 1983, S. 223–224.

Schuhe II (S. 136)
　　Überlieferung: 9 Bl., masch. (Korr.); 2 Bl., hs., geh.
　　Entstehung: o. O., vermutl. 1977
　　Erstpublikation: KTGSV
　　Erläuterungen: V. 8, V. 12, V. 14: »Üsküdar«: Üsküdar ist ein auf der asiatischen
　　Seite gelegener Stadtteil Istanbuls. V. 9: »Aysche«: Aysche ist ein türkischer
　　weiblicher Vorname. Übersetzt bedeutet dieser so viel wie *lebhaft, lebensfroh,
　　lebendig.*

das heute (S. 137)
　　Überlieferung: 2 Bl., masch., hs.
　　Entstehung: o. O., o. D.
　　Erstpublikation: Allmende. Zeitschrift für Literatur, Jg. 18 (1998), Nr. 58/59,
　　S. 281; dort V. 7 »daß die endlich enden möge«.
　　Wieder in: Signum. Blätter für Literatur und Kritik, Jg. 9 (2008), H. 1, S. 55.
　　Erläuterungen: V. 1: »Göfis«: Göfis ist eine Gemeinde im Bundesland Vorarl-
　　berg (Österreich); »Göksü« (türk.: »blaues Wasser«): Göksü ist ein türkischer
　　Personenname sowie die Bezeichnung mehrerer Flüsse in der Türkei.
　　Korrekturen: V. 1: »kennst« → »kennt« (vermutl. Druckfehler in KTGSV) auf
　　Grundlage der Erstpublikation sowie der nachgelassenen Textzeugen.

die trägheit (S. 138)

    Überlieferung: 11 Bl., masch., hs.

    Entstehung: o. O., o. D.

    Erstpublikation: KTGSV

    Anmerkungen: Ein nachgelassener Textzeuge trägt die Titel *Ritt* sowie *Ritt auf der Asche*.

    Erläuterungen: V. 28: »molluskenschale«: Mollusken, auch Weichtiere genannt, gehören zu dem arten- und formenreichen Tierstamm der Gewebetiere.

Ich kaufe Schmierseife (S. 140)

    Überlieferung: 15 Bl., masch., hs,

    Entstehung: o. O., 20.04.1983

    Erstpublikation: Buchwald, Christoph/Erb, Elke (Hg.): Luchterhand Jahrbuch der Lyrik 1985. Lamento und Gelächter. Darmstadt/Neuwied: Luchterhand 1986, S. 53; dort V. 7–V. 8: »Ich steige in das Auto / und fahre weg«, V. 11, V. 18: Kleinschreibung am jeweiligen Versanfang, V. 14, V. 19: Punkt am jeweiligen Versende.

    Anmerkungen: Auf einem nachgelassenen Textzeugen des Gedichtes vermerkt KŞ: »tha 17.02.1937«.

Genugtuung in der Fremde (S. 141)

    Überlieferung: 3 Bl., masch., hs.

    Entstehung: o. O., o. D.

    Erstpublikation: Allmende. Zeitschrift für Literatur, Jg. 21 (2001), Nr. 70/71, S. 146; dort V. 2: »auf unbekannte ebenen« (vermutl. Red.).

    Wieder in: Dağdevir, Yeliz/Kurdoğlu Nitsche, Gerald (Hg.): »heim.at«. Burgaz Projekt. Gedichte von Migrantinnen und Migranten aus der Türkei in Österreich. Landeck: EYE 2004, S. 70; dort V. 1: »Aufregend ist das reiten«, ohne V. 5; Gitterle, Bruno/Kurdoğlu Nitsche, Gerald (Hg.): Neue österreichische Lyrik – und kein Wort Deutsch. Innsbruck/Wien: Haymon 2008, S. 43, dort V. 1: »aufregend ist das reiten«, ohne V. 5; sowie in: Signum. Blätter für Literatur und Kritik, Jg. 9 (2008), H. 1, S. 56.

[ICH MÖCHTE über die Ruhe] (S. 142)

    Überlieferung: 17 Bl., masch., hs.

    Entstehung: o. O., 13.07.1980

    Erstpublikation: Literatur und Kritik, (1996), Nr. 309/310, S. 59; dort Abweichungen im Bereich des formalen Aufbaus aufgrund veränderter Zeilensprünge und Strophik.

    Anmerkungen: Die erste Strophe des Gedichtes wurde bereits unter dem Titel *Zwei Vierzeiler* veröffentlicht in: Neue Vorarlberger Tageszeitung vom 09.05.1981, S. 24 sowie als Teil des Hörspiels *Wege oder die Liebe – Legende eines Augenblicks* (EA: ORF Landesstudio Vorarlberg am 24.05.1985).

Ich ging und kam (S. 143)

    Überlieferung: 5 Bl., masch., hs.

    Entstehung: o. O., 03.05.1992

    Erstpublikation: Allmende. Zeitschrift für Literatur, Jg. 18 (1998), Nr. 58/59, S. 282; dort V. 13: »auch nachher nicht«.

    Anmerkungen: Eine nachgelassene Vorstufe des Gedichtes trägt den Titel *Jetzt wohne ich im Haus des Windes*. Darin heißt es: »Jetzt wohne ich im Haus des Windes / zum Versinken getauften Schiff / ohne Lebewohl / Ich sehe es als Pflicht an / in Ohnmacht / zu warnen ohne Hoffnung / daß der Tod ein gemachtes Sterben / als Geld verwendet wird / Ich wohne da / wie ein Gebetbuch / in einem Hotelzimmer / das bombardiert wird / heute oder morgen«

Mein Schlaf kommt aus dem Meer (S. 144)

    Überlieferung: 5 Bl., masch., hs.

    Entstehung: o. O., 10.05.1982

    Erstpublikation: Allmende. Zeitschrift für Literatur, Jg. 18 (1998), Nr. 58/59, S. 280; dort V. 13: »auch nachher nicht«.

    Erläuterungen: V. 8: »Bregenz«: Bregenz ist die Landeshauptstadt des Bundeslandes Vorarlberg (Österreich). V. 8: »Tatvan«: Tatvan ist eine Stadt in der osttürkischen Provinz Bitlis. V. 11: »Berg Süphan«: Der Süphan Dağı ist ein rund 4.000 Meter hoher Berg im Osten Anatoliens. Er liegt an der Grenze der beiden Provinzen Ağrı und Bitlis.

Ausgleich (S. 145)

    Überlieferung: 5 Bl., masch.

    Entstehung: o. O., o. D.

    Erstpublikation: KTGSV

    Wieder in: Signum. Blätter für Literatur und Kritik, Jg. 9 (2008), H. 1, S. 55; dort Str. 2: Abweichungen im Bereich des formalen Aufbaus aufgrund veränderter Zeilensprünge.

V. DER TISCH

der tisch I (S. 146)

    Überlieferung: 13 Bl., masch., hs.

    Entstehung: o. O., o. D.

    Erstpublikation: Literatur und Kritik, (1996), Nr. 309/310, S. 60; dort Groß- und Kleinschreibung berücksichtigt, Str. 1: »Die Schlaflosigkeit ist der Schatten der Träume / das ferne Licht eines Gedichtes / ein Tisch der mir die Ferne gibt / auf seinen Wellen die Schlaflosigkeit / setzt sich auf und erhebt sich«, Str. 2: Abweichungen im Bereich des formalen Aufbaus aufgrund veränderter Zeilensprünge (vermutl. Red.).

    Wieder in: Allmende. Zeitschrift für Literatur, Jg. 21 (2001), Nr. 70/71, S. 147; dort V. 1: Kleinschreibung am Versanfang.

Anmerkungen: Auf einem nachgelassenen Textzeugen vermerkt KŞ: »Chr. Mähr« (vermutl. Christian Mähr). Christian Mähr (1952) ist ein österreichischer Schriftsteller.

Der Tisch II (S. 147)
Überlieferung: 8 Bl., masch., hs.
Entstehung: o. O., 08.10.1979
Erstpublikation: Als Teil des Hörspiels *Wege oder die Liebe – Legende eines Augenblicks* (EA: ORF Landesstudio Vorarlberg am 24.05.1985); dort V. 7: Punkt am Versende, V. 8: »Die gekerbten Tage, die«, weitere Abweichungen im Bereich des formalen Aufbaus aufgrund veränderter Zeilenumbrüche und Strophik.
Erstdruck in derselben Textgestalt der Erstpublikation in: Literatur und Kritik, (1996), Nr. 309/310, S. 61.
Anmerkungen: Ein nachgelassener Textzeuge trägt den Titel *Lieder aus dem vorgestellten Paradies* sowie einen hs. Vermerk »Chr. Mähr« (vermutl. Christian Mähr). Christian Mähr (1952) ist ein österreichischer Schriftsteller.

meine mutter sagte mir (S. 148)
Überlieferung: 10 Bl., masch.
Entstehung: o. O., o. D.
Erstpublikation: KTGSV

Legende (S. 149)
Überlieferung: 4 Bl., masch., hs.
Entstehung: o. O., 03.05.1992
Erstpublikation: V. Poesie International Dornbirn 1999, (1999) Nr. 8.

das ist keine hoffnungslosigkeit (S. 150)
Überlieferung: 3 Bl., masch., hs.
Entstehung: o. O., o. D.
Erstpublikation: KTGSV

VI. DIE RÄUME

Die Räume I (S. 151)
Überlieferung: 1 Bl., masch., hs.
Entstehung: o. O., o. D.
Erstpublikation: Als Teil des Hörspiels *Wege oder die Liebe – Legende eines Augenblicks* (EA: ORF Landesstudio Vorarlberg am 24.05.1985); dort V. 14: Kleinschreibung am Versanfang, V. 16: Punkt am Versende, Str. 1: Abweichungen im Bereich des formalen Aufbaus aufgrund veränderter Zeilensprünge.
Erstdruck: KTGSV

Die Räume II (S. 152)
Überlieferung: 2 Bl., masch., hs.
Entstehung: o. O., o. D.
Erstpublikation: Als Teil des Hörspiels *Wege oder die Liebe – Legende eines Augenblicks* (EA: ORF Landesstudio Vorarlberg am 24.05.1985); dort Str. 4: »ich schreie Sätze / du kommst nicht / ich denke / Inmitten meines Zorns / kommen die anderen und / schleppen mich / um die Welt zu verbessern«, weitere Abweichungen im Bereich des formalen Aufbaus aufgrund veränderter Zeilensprünge und Strophik.
Erstdruck: KTGSV
Anmerkungen: Eine im Vergleich zum Erstdruck veränderte Fassung des Gedichtes unter dem Titel *Du kommst nicht* (siehe dort), bestehend aus Teilen der Gedichte *Die Räume II* und *Die Räume III* veröffentlicht in: 33–3. Katalog des Vorarlberger Autorenverbandes. Hg. vom Vorarlberger Autorenverband, dem Franz-Michael-Felder- und Vorarlberger Literaturarchiv. Hard: Hecht 1986, S. 95. In derselben Fassung wieder in: Gabriel, Ulrich/Mörth, Wolfgang (Hg.): Heimatstern. Anthologie Literatur Vorarlberg. Dornbirn: Unartproduktion 2019 (V#34), S. 175–177.

Die Räume III (S. 153)
Überlieferung: 1 Bl., masch., hs. (Korr.)
Entstehung: o. O., o. D.
Erstpublikation: Als Teil des Hörspiels *Wege oder die Liebe – Legende eines Augenblicks* (EA: ORF Landesstudio Vorarlberg am 24.05.1985); dort V. 30–V. 32: »Das Lächerliche ist, / da man das Lächerliche denkt / wenn man da nicht stirbt«.
Erstdruck: KTGSV
Anmerkungen: Eine im Vergleich zum Erstdruck veränderte Fassung des Gedichtes unter dem Titel *Du kommst nicht* (siehe dort), bestehend aus Teilen der Gedichte *Die Räume II* und *Die Räume III* veröffentlicht in: 33–3. Katalog des Vorarlberger Autorenverbandes. Hg. vom Vorarlberger Autorenverband, dem Franz-Michael-Felder- und Vorarlberger Literaturarchiv. Hard: Hecht 1986, S. 95. In derselben Fassung wieder in: Gabriel, Ulrich/Mörth, Wolfgang (Hg.): Heimatstern. Anthologie Literatur Vorarlberg. Dornbirn: Unartproduktion 2019 (V#34), S. 175–177.

Die Räume IV (S. 154)
Überlieferung: 2 Bl., masch., hs. (Korr.)
Entstehung: o. O., o. D.
Erstpublikation: Als Teil des Hörspiels *Wege oder die Liebe – Legende eines Augenblicks* (EA: ORF Landesstudio Vorarlberg am 24.05.1985); dort V. 6: »die tapferen Menschen«.
Erstdruck: KTGSV

Die Räume V (S. 155)
Überlieferung: 1 Bl., masch., hs.
Entstehung: o. O., o. D.

Erstpublikation: Als Teil des Hörspiels *Wege oder die Liebe – Legende eines Augenblicks* (EA: ORF Landesstudio Vorarlberg am 24.05.1985); dort V. 10: »Das Warten macht alles zu dem,«.

Erstdruck unter dem Titel [*Es wurde Frühling*] in: 33 – 3. Katalog des Vorarlberger Autorenverbandes. Hg. vom Vorarlberger Autorenverband, dem Franz-Michael-Felder- und Vorarlberger Literaturarchiv. Hard: Hecht 1986, S. 96; dort V. 1: »Es wurde Frühling«, V. 22: »wenn es mir noch wärmer wird«.

Anmerkungen: Einer der nachgelassenen Textzeugen trägt den Titel *Im Gefängnis*.

Die Räume VI (S. 156)

Überlieferung: 2 Bl., masch., hs.

Entstehung: o. O., 09.03.1983

Erstpublikation: Als Teil des Hörspiels *Wege oder die Liebe – Legende eines Augenblicks* (EA: ORF Landesstudio Vorarlberg am 24.05.1985); dort V. 2: »Mein Schlafzimmer«, V. 6: Großschreibung am Versanfang, weitere Abweichungen im Bereich des formalen Aufbaus aufgrund veränderter Zeilensprünge und Strophik.

Erstdruck: KTGSV

Anmerkungen: Einer der nachgelassenen Textzeugen trägt den Titel *Die Frau draußen*.

Die Räume VII (S. 157)

Überlieferung: 2 Bl., masch., hs. (Korr.)

Entstehung: o. O., o. D.

Erstpublikation: Als Teil des Hörspiels *Wege oder die Liebe – Legende eines Augenblicks* (EA: ORF Landesstudio Vorarlberg am 24.05.1985); dort V. 13: »zweimal kurz nach rechts«, weitere Abweichungen im Bereich des formalen Aufbaus aufgrund veränderter Zeilensprünge und Strophik.

Erstdruck: KTGSV

Anmerkungen: Einer der nachgelassenen Textzeugen trägt den Titel *Eine arbeitslose Fabriksarbeiterin, 21 Jahre alt, spricht.*

Er sang (S. 158)

Überlieferung: 6 Bl., masch., hs.

Entstehung: o. O., o. D.

Erstpublikation: Als Teil des Hörspiels *Ich wate in der Dunkelheit* (EA: ORF Landesstudio Vorarlberg am 03.12.1982); dort V. 1: »Sie haben ihn zu schweigen geheißen«, V. 5: »Was er zu bieten hatte, bot er und sang.«, V. 6: Punkt am Versende, V. 7: »Hinter geschlossenen Türen schwieg er«, mit Endpunkt.

Erstdruck: KTGSV

ein haus (S. 159)

Überlieferung: 11 Bl., masch., hs. (2 Fass.)

Entstehung: o. O., 11.08.1979

Erstpublikation: KTGSV

Anmerkungen: Das Gedicht ist als unveröffentlichte Fassung unter dem Titel *Drinnen* nachgelassen. Darin heißt es: »Daß die Bäume verschwinden, ist nicht unerwartet. / Wenn der Schatten der Schwalbe unsichtbar wird / Wenn der Kahn, den irgendein Kind vergessen, tief / ins Bild durchdringt, / Fängt die Nacht des Hauses an. / Ein Mückensummen vor einem Vergnügungspark. / Die Achterbahn des Eßzimmers / erinnert sich noch / an das Sommerkonzert, / wer war der Dirigent? Der Jäger, / der brüllend ins Schlafzimmer fällt. / Mit dem Wechsel / wirkt die Schwäche / und erwischt die Traube in der Schale. / Ob jemand das Gewehr halte / und auf eine Blume ziele. / Doch die Decke dreht sich und schnarcht / Die Bücher fallen auf den Boden und / schnarchen weiter / Der der Dunkelheit / ganz / ungefordert.« Auf demselben Textzeugen vermerkt KŞ: »Chr. Mähr« (vermutl. Christian Mähr). Christian Mähr (1952) ist ein österreichischer Schriftsteller.

VII. KEIN TAG GEHT SPURLOS VORBEI

Vierzeiler (S. 160)
> Überlieferung: 3 Bl., masch., hs. (Korr.)
> Entstehung: o. O., 22.12.1991
> Erstpublikation: KTGSV
> Anmerkungen: Ein nachgelassener Textzeuge trägt den Titel *Durch*.

kein tag geht spurlos vorbei (S. 161)
> Überlieferung: 3 Bl., masch., hs.
> Entstehung: o. O., 30.12.1996
> Erstpublikation: KTGSV

Niemand läßt mich schweigen (S. 162)
> Überlieferung: 4 Bl., masch., hs. (2 Fass.)
> Entstehung: o. O., o. D.
> Erstpublikation: KTGSV
> Anmerkungen: Das Gedicht ist als unveröffentlichte Fassung unter dem Titel *Ich warte auf die Reaktion des Wassers* nachgelassen. Darin heißt es: »Ich warte auf die Reaktion des Wassers / in das ich eine Rose geworfen habe / Die Kreise sind fast unsichtbar / Ich hebe einen Stein auf / doch die Rose schwimmt so schön / lege ihn wieder beiseite / Ich weiß jetzt daß das Wasser stets / sein Letztes tut / mit der Erfahrung / gehe ich zu der Frau / die ich liebe / eine Rose in einer Hand / einen Kieselstein in der anderen«. Eine nachgelassene Vorstufe zum selben Gedicht trägt den Titel *Sicher ist sicher*.

am ufer (S. 163)
> Überlieferung: 4 Bl., masch., hs.
> Entstehung: o. O., o. D.
> Erstpublikation: KTGSV
> Wieder in: »V«. Vorarlberger Zeitschrift für Literatur, (2009), Nr. 22/23, S. 253.

»Der Platz auf dem du gehst ist hell« (S. 164)
> Überlieferung: 4 Bl., masch., hs.
> Entstehung: o. O., 02.12.1984
> Erstpublikation: KTGSV
> Anmerkung: Einer der nachgelassenen Textzeugen trägt den Titel *Im Café.*

VIII. BEIM STREICHELN DEINER HAARE

Zwiegespräch I (S. 165)
> Überlieferung: 5 Bl., masch., hs. (Korr.)
> Entstehung: o. O., 19.11.1983
> Erstpublikation: Als Teil des Hörspiels *Wege oder die Liebe – Legende eines Augenblicks* (EA: ORF Landesstudio Vorarlberg am 24.05.1985); dort V. 1: Punkt am Versende, V. 7: »Sei, aber womit erklingt es?«, V. 9: »wenn es anbricht, das Ende,«.
> Erstdruck: KTGSV
> Anmerkungen: Eine nachgelassene Vorstufe des Gedichtes trägt den Titel *Vollendet sei.*

Zwiegespräch II (S. 165)
> Überlieferung: 5 Bl., masch., hs. (Korr.)
> Entstehung: o. O., 19.11.1983
> Erstpublikation: Als Teil des Hörspiels *Wege oder die Liebe – Legende eines Augenblicks* (EA: ORF Landesstudio Vorarlberg am 24.05.1985); dort V. 4: »was gilt mir dein Streicheln, das«, V. 9: Großschreibung am Versanfang.
> Erstdruck: KTGSV

Zwiegespräch III (S. 166)
> Überlieferung: 6 Bl., masch., hs. (Korr.)
> Entstehung: o. O., 19.11.1983
> Erstpublikation: Als Teil des Hörspiels *Wege oder die Liebe – Legende eines Augenblicks* (EA: ORF Landesstudio Vorarlberg am 24.05.1985); dort Groß- und Kleinschreibung berücksichtigt, weitere Abweichungen im Bereich des formalen Aufbaus aufgrund veränderter Zeilensprünge und Strophik.
> Erstdruck: KTGSV

Zwiegespräch IV (S. 166)
> Überlieferung: 6 Bl., masch., hs. (Korr.)
> Entstehung: o. O., 19.11.1983
> Erstpublikation: Als Teil des Hörspiels *Wege oder die Liebe – Legende eines Augenblicks* (EA: ORF Landesstudio Vorarlberg am 24.05.1985); dort Groß- und Kleinschreibung berücksichtigt, weitere Abweichungen im Bereich des formalen Aufbaus aufgrund veränderter Zeilensprünge und Strophik.
> Erstdruck: KTGSV

Zwiegespräch V (S. 167)
Überlieferung: 6 Bl., masch., hs. (Korr.)
Entstehung: o. O., 19.11.1983
Erstpublikation: Als Teil des Hörspiels *Wege oder die Liebe – Legende eines Augenblicks* (EA: ORF Landesstudio Vorarlberg am 24.05.1985); dort Str. 1: Abweichungen im Bereich des formalen Aufbaus aufgrund veränderter Zeilensprünge.
Erstdruck: KTGSV

Ich versprach der Geliebten (S. 168)
Überlieferung: 25 Bl., masch., hs.
Entstehung: o. O., o. D.
Erstpublikation: KTGSV
Anmerkungen: Das Gedicht ist als Fassung (siehe S. 350–351) Teil des Hörspiels *Wege oder die Liebe – Legende eines Augenblicks* (EA: ORF Landesstudio Vorarlberg am 24.05.1985).
Korrekturen: V. 42, V. 45: »UFO's« → »UFOs« (vermutl. Druckfehler in KTGSV)

Du teilst mein Leben (S. 170)
Überlieferung: 18 Bl., masch.
Entstehung: o. O., o. D.
Erstpublikation: Als Teil das Hörspiels *Wege oder die Liebe – Legende eines Augenblicks* (EA: ORF Landesstudio Vorarlberg am 24.05.1985); dort V. 2: »im Café, im kalten Auto«, V. 16: Großschreibung am Versanfang, Groß- und Kleinschreibung berücksichtigt, weitere Abweichungen im Bereich des formalen Aufbaus aufgrund veränderter Zeilensprünge und Strophik.
Erstdruck: KTGSV

Du kannst kommen ich bin allein zuhause I (S. 171)
Überlieferung: 3 Bl., masch. (Korr.)
Entstehung: o. O., o. D.
Erstpublikation: Als Teil das Hörspiels *Wege oder die Liebe – Legende eines Augenblicks* (EA: ORF Landesstudio Vorarlberg am 24.05.1985); dort V. 3–V. 4: »Was ich singe, verändert / die Berge, an denen ich fahre«, Str. 2: »Das Auto bekommt Hand und Fuß / Ein Zusammenhang zwischen / dem Rückspiegel und Horizont«, weitere Abweichungen im Bereich des formalen Aufbaus aufgrund veränderter Strophik.
Erstdruck: KTGSV

Du kannst kommen ich bin allein zuhause II (S. 171)
Überlieferung: 3 Bl., masch.
Entstehung: o. O., o. D.
Erstpublikation: Als Teil das Hörspiels *Wege oder die Liebe – Legende eines Augenblicks* (EA: ORF Landesstudio Vorarlberg am 24.05.1985); dort V. 4: »die Maulbeere bekanntgemacht«, V. 5: Großschreibung am Versanfang, V. 7: Klein-

schreibung am Versanfang, weitere Abweichungen im Bereich des formalen Aufbaus aufgrund veränderter Zeilensprünge und Strophik.
Erstdruck: KTGSV

Du kannst kommen ich bin allein zuhause III (S. 172)
Überlieferung: 3 Bl., masch.
Entstehung: o. O., o. D.
Erstpublikation: Als Teil das Hörspiels *Wege oder die Liebe – Legende eines Augenblicks* (EA: ORF Landesstudio Vorarlberg am 24.05.1985); dort V. 2: »Ich sah Berge, die stürzten«, V. 4: »Willst du, daß die Berge stürzen«, weitere Abweichungen im Bereich des formalen Aufbaus aufgrund veränderter Zeilensprünge.
Erstdruck: KTGSV

Du rufst mich nicht an I (S. 173)
Überlieferung: 7 Bl., masch., hs. (Korr.)
Entstehung: o. O., o. D.
Erstpublikation: Als Teil das Hörspiels *Wege oder die Liebe – Legende eines Augenblicks* (EA: ORF Landesstudio Vorarlberg am 24.05.1985); dort Str. 1: »Du rufst mich nicht an / mir bleibt nur das Gedicht / es ist mein Auto / mein Gedicht bringt mich schnell / wohin ich will / auch zu dir / die leise spricht«, V. 16: Beistrich am Versende, V. 17: Kleinschreibung am Versanfang, weitere Abweichungen im Bereich des formalen Aufbaus aufgrund veränderter Zeilensprünge und Strophik.
Erstdruck: KTGSV
Anmerkungen: Auf einem nachgelassenen Textzeugen vermerkt KŞ: »Chr. Mähr« (vermutl. Christian Mähr). Christian Mähr (1952) ist ein österreichischer Schriftsteller.

Du rufst mich nicht an II (S. 174)
Überlieferung: 6 Bl., masch., hs. (Korr.)
Entstehung: o. O., o. D.
Erstpublikation: Als Teil das Hörspiels *Wege oder die Liebe – Legende eines Augenblicks* (EA: ORF Landesstudio Vorarlberg am 24.05.1985); dort Str. 2: »Vielleicht picken die Tauben / an seinem Haupt vielleicht / regnet es auf ihn / damit er nicht vergißt / seine Lage, die Lage der Welt«, weitere Abweichungen im Bereich des formalen Aufbaus aufgrund veränderter Zeilensprünge.
Erstdruck: KTGSV
Anmerkungen: Auf einem nachgelassenen Textzeugen vermerkt KŞ: »Chr. Mähr« (vermutl. Christian Mähr). Christian Mähr (1952) ist ein österreichischer Schriftsteller. Auf einem weiteren Textzeugen trägt das Gedicht den Titel *Kein Anruf.*

Landlos. Türken in Vorarlberg

Walter Nikolaus/Şurdum, Kundeyt: Landlos. Türken in Vorarlberg. Mit einem Nachwort von Kurt Greussing. Salzburg: Otto Müller 1991.

Erschienen in: Edition Fotohof, Band 6, hg. von Kurt Kaindl

Umschlag: Gestaltung unter Verwendung eines Fotos von Nikolaus Walter

Umfang: Bildband mit insgesamt 28 Gedichten und 57 Fotos, 96 Seiten

Abbildungsverzeichnis:

Nachwort von Kurt Greussing:
»Ohne Bauern keine Industrie. Das gilt für das Industrieland Vorarlberg seit mehr als hundert Jahren. Ohne Bauern, die ihre Bergdörfer verlassen, dann aus anderen ländlichen Regionen abwandern, etwa aus dem italienischsprachigen Trentino, schließlich den Randregionen Europas den Rücken kehren – ohne diese vielen Bauern wäre auch in einem kleinen Land wie Vorarlberg der Industrie-Hunger nach Arbeitskräften nicht zu stillen gewesen.

Seit dem Beginn der massiven Industrialisierung Vorarlbergs, also ungefähr seit 1870, gibt es hier ›Gastarbeiter‹: zuerst Italiener, dann Männer und Frauen aus den deutschsprachigen Kronländern der Monarchie beziehungsweise den östlichen Bundesländern, nach 1939 Umsiedler aus Südtirol, während der NS-Herrschaft Fremd- und Zwangsarbeiter aus West- und Osteuropa, nach dem Krieg Arbeiter aus den verarmten Regionen Kärntens und der Steiermark, schließlich seit Mitte der sechziger Jahre die Arbeitszuwanderer aus Jugoslawien und der Türkei.

Jede dieser Zuwanderergruppen machte um die zehn Prozent der industriell-gewerblichen Arbeitskräfte aus. Und jede dieser Gruppen hatte nur dann eine Chance, ›einheimisch‹ zu werden, wenn sich eine nachfolgende Gruppe als ›fremd‹ identifizieren ließ.

Die Jugoslawen und vor allem die Türken sind vorderhand die letzten ›Fremden‹.

Sie machen – bei einer Gesamteinwohnerzahl von 345.000 Anfang der neunziger Jahre – etwas über zehn Prozent der Vorarlberger Bevölkerung aus.

Wanderungsprozesse sind lange Abschiede für alle Beteiligten:

Die Bewohner des Ziellandes werden überhaupt erst durch die nachhaltige Erfahrung des und der Fremden zu ›Einheimischen‹ – im Falle Vorarlbergs zu Alemannen mit den angeblich unverbrüchlichen Eigenschaften der Verwurzelung im bodenständigen Bauerntum, der Sparsamkeit, der Sauberkeit und des Hangs zur Selbständigkeit. An Vorarlberg läßt sich gut zeigen, daß die Entwicklung eines eigenen Landesbewußtseins ganz wesentlich durch die Art und Weise geprägt worden ist, wie seit über hundert Jahren die immer neuen Zuwanderungen kulturell und politisch bewältigt wurden.

Die ›Einheimischen‹ und die ›Fremden‹ – beides sind Erfindungen, komplementäre, aufeinander bezogene Prozesse der Eigen- und der Fremdidentifikation.

Das ist der eine Abschied: Nachdem in den Köpfen unserer Vorfahren und in den unseren ›wir‹, die ›Einheimischen‹, entstanden sind, müssen wir feststellen, daß keine unserer positiven Selbstzuschreibungen der Wirklichkeit standhält: Wir sind weder anders noch besser als die anderen. Diese Einsicht vollzieht sich, unter dem Druck von Umständen wie Scheidungsrate oder Suchtgiftproblematik, langsam und schmerzhaft. Ob ein solcher Abschied zu größerer Toleranz gegenüber den Fremden führt, bleibt abzuwarten.

Den anderen Abschied müssen die Arbeitseinwanderer nehmen. Einwanderung ist ein Prozeß, der sich vor allem im Kopf abspielt: ein ebenfalls langsamer und schmerzhafter Abschied, die Aufgabe der Illusion von der erfolgreichen Rückkehr ins Heimatland, eine zögernde, schrittweise Veränderung sozialer Standorte.

Wer aus seiner traditionellen, oft vorindustriellen Umgebung aufbricht, hat nicht eine Karriere als Industriearbeiter vor Augen, sondern – als Lohn der mühsamen Wanderung – den sozialen Aufstieg zu Hause, in der Herkunftsgesellschaft: die Rückkehr des ›reichen Onkels aus Amerika‹.

Dieser Wunsch wird noch bestärkt durch die Situation im Zuwanderungsland. Dort kann man fürs erste nur überleben, indem man soziale und kulturelle Netze spannt, die aus den Herkunftsländern importiert sind: verwandtschaftliche oder lokale Solidaritätsbeziehungen, eigene Läden und Gasthäuser, eigene Bethäuser und eigene Wohnviertel.

Dadurch werden ethnische, selbst lokale Zugehörigkeiten wohl nirgendwo so stark empfunden – und so stark ausgeprägt – wie in der Fremde. Daß also Türken in Vorarlberg manchmal türkischer sind als in der Türkei, dafür sollten gerade Vorarlberger Verständnis haben, die schon im benachbarten Innsbruck, und erst recht in Wien, ihre alemannischen Enklaven bilden.

Die Zerstörung der Wanderungsillusion – der Illusion der erfolgreichen Rückkehr – ist im selben Maße vielfältig und kompliziert, wie die Illusion einfach ist. Selbst wenn es hier gelingt, angesichts niedriger Löhne und räuberischer Mieten einen größeren Geldbetrag zu sparen, ist das kein Pfund, mit dem sich in der Türkei wuchern läßt. Die zahllosen schlecht ausgestatteten Autowerkstätten am Rand selbst kleinerer Städte, die überzähligen Läden in jedem größeren Ort, all das sind dort Dokumente der wirtschaftlichen Chancenlosigkeit von Rückwanderern. Zu viele möchten ihre Industriearbeiterexistenz mit der Position eines Händlers oder Werkstättenbesitzers tauschen. Die Aussichten sind trübe, und das spricht sich herum.

Eine weitere Möglichkeit, die enttäuschte Wanderungsillusion zu verarbeiten, ist der Rückzug auf die eigenen (oft erst neu entdeckten) kulturellen Wurzeln – vor allem auf die Religion.

Gerade wenn sie, wie der Islam, eine klare Grenze zur Mehrheitsgesellschaft des Zuwanderungslandes zu markieren scheint, mag sie als ideelle Alternative anziehend werden. Der Islam ist freilich nicht nur Geistiges, sondern höchst praktisch: Die Moscheen bei uns bieten vielfach ein handfestes soziales Netz – von Krediten über Hilfe bei der Wohnungssuche bis zum billigen Einkauf von Lebensmitteln.

Bei vielen Zuwanderern besteht die Hoffnung, wenigstens die Kinder würden verwirklichen, was den Eltern versagt geblieben ist. Auch diese Hoffnung ist trügerisch. Sozialer Aufstieg ist aufgrund schlechter Schulbildung für die Angehörigen der ›zweiten Generation‹ in der Regel nicht angesagt – weder im Herkunfts- noch im Zuwanderungsland. Die Perspektive ist wohl eher die Verlängerung der ›Gastarbeiter‹-Existenz, bei wachsender kultureller Entfremdung zwischen den Generationen.

Bleibt schließlich der Versuch, das Glück zu zwingen: durch das Glücksspiel (eine häufige Variante) oder durch Aktivitäten an der Grenze zur Legalität. Davon merken wir meistens wenig, weil der Schaden regelmäßig von cleveren Zuwanderern unter den eigenen Landsleuten angerichtet wird. Das alles ist gleichsam die subjektive Seite des Problems.

Objektiv – durch die in den Zuwanderungsländern bestehenden Verhältnisse – leben die Arbeitszuwanderer in einer paradoxen Situation. Denn in ihrer Gesamtheit sind sie als Produzenten wie auch als Konsumenten unverzichtbar geworden. Die Lebensperspektive des einzelnen jedoch wird durch die mangelnde Sicherung von Arbeits- und Aufenthaltsrechten völlig im unklaren gelassen. Damit werden die ›Gastarbeiter‹ auf den untersten Stufen des Arbeitsmarktes und der sozialen Hierarchie festgehalten, stets eine leicht verfügbare Verschubmasse der Konjunkturen.

Angesichts dieser Unsicherheit, von den Arbeitszuwanderern größere Integrationsleistungen zu verlangen als sie sowieso schon erbracht werden, ist dumm oder zynisch. Vor allem lebensgeschichtliche Investitionen – bessere Schul- und Berufsausbildung der Jungen, besserer Spracherwerb – werden oft nicht vorgenommen, weil niemand weiß, ob sie auch Erträge bringen. Das schnelle Geld der unqualifizierten Fabriksarbeit ist die handfeste Alternative zum vagen Versprechen sozialen Aufstiegs durch Bildung.

Die Lebensperspektive der Arbeitszuwanderer, vor allem der ›zweiten Generation‹, durch das unbestrittene Recht auf Arbeit und Aufenthalt sicherer zu machen, wäre der entscheidende Schritt zur Integration; einer Integration, die nicht angstvolle Anpassung meint, sondern eine heute nicht absehbare Vielfalt neuer kultureller Energien und Entwicklungen freisetzt. Dieser Integrationsschritt freilich ist zu allererst durch die Politik der Zuwanderungsländer zu setzen – also von ›uns‹, der Mehrheit.

›Seine Existenz sei eine Brücke zwischen der türkischen und der deutschen Wirklichkeit‹, schrieb 1977 der in Berlin lebende Dichter Aras Ören. Doch mit der Zeit habe sich herausgestellt, daß die Brücke immer länger geworden sei und an den Enden nicht mehr mit den Ufern verbunden: Die Brücke ist selbst zu einem unabhängigen Stück Wirklichkeit geworden.

Wenn das – unvermeidlich? – so ist, dann sollte wenigstens dafür gesorgt sein, daß die Brücke auf sicheren Pfeilern ruht. Nur so läßt sie sich wieder mit den Ufern verbinden.«

[Sie sollen warten, Sonne und Pflug.] (S. 178)
Überlieferung: 1 Bl., masch. (Kopie)
Entstehung: o. O., o. D.
Erstpublikation: LTIV

[Niemand fragte euch. Der Krieg] (S. 180)
Überlieferung: 1 Bl., masch. (Kopie)
Entstehung: o. O., o. D.
Erstpublikation: Salz. Salzburger Literaturzeitschrift, Jg. 16/IV (1991), Nr. 64,
S. 21; dort V. 6: »Häusern, –«.

[Im ersten Jahr Gastarbeiter, im zweiten] (S. 182)
Überlieferung: 1 Bl., masch. (Kopie)
Entstehung: o. O., o. D.
Erstpublikation: LTIV

[Ich bin dein Gewissen. Du kannst dein Wissen] (S. 184)
Überlieferung: 1 Bl., hs.; 1 Bl., masch. (Kopie)
Entstehung: o. O., o. D.
Erstpublikation: LTIV

[Wir alle suchen dein Reich.] (S. 186)
Überlieferung: 3 Bl., masch; 1 Bl., masch. (Kopie)
Entstehung: o. O., o. D.
Erstpublikation: LTIV

[Osman geht an zwei Bäckereien] (S. 188)
Überlieferung: 5 Bl., masch; 1 Bl., masch. (Kopie)
Entstehung: o. O., o. D.
Erstpublikation: LTIV

[Ab und zu] (S. 190)
Überlieferung: 10 Bl., masch., hs; 1 Bl., masch. (Kopie)
Entstehung: o. O., 06.06.1987
Erstpublikation: Salz. Salzburger Literaturzeitschrift, Jg. 16/IV (1991), Nr. 64,
S. 21.

[Es weiß, daß er einsam ist] (S. 192)
Überlieferung: 1 Bl., masch. (Kopie)
Entstehung: o. O., o. D.
Erstpublikation: LTIV

[Schritt für Schritt Verbesserung,] (S. 194)
Überlieferung: 3 Bl., masch., hs; 1 Bl., masch. (Kopie)
Entstehung: o. O., o. D.
Erstpublikation: LTIV

[Viele von meinen Bekannten sind als] (S. 200)
>   Überlieferung: 4 Bl., masch., hs; 1 Bl., masch. (Kopie)
>   Entstehung: o. O., o. D.
>   Erstpublikation: LTIV

[Habe ich mein Land verlassen, oder] (S. 202)
>   Überlieferung: 4 Bl., masch., hs; 1 Bl., masch. (Kopie)
>   Entstehung: o. O., o. D.
>   Erstpublikation: Salz. Salzburger Literaturzeitschrift, Jg. 16/IV (1991), Nr. 64, S. 21.

[Sie haben noch nicht verlernt,] (S. 206)
>   Überlieferung: 3 Bl., masch; 1 Bl., masch. (Kopie)
>   Entstehung: o. O., o. D.
>   Erstpublikation: LTIV

[Ich taste das Meer ab, erinnere mich an das] (S. 210)
>   Überlieferung: 9 Bl., masch; 1 Bl., masch. (Kopie)
>   Entstehung: o. O., 12.01.1983
>   Erstpublikation: LTIV
>   Wieder in: Higgs, Barbara/Straub, Wolfgang (Hg.): Literarische Reise durch Vorarlberg. Frankfurt a. M.: Eichhorn 2000, S. 18.

[Manche glauben, es muß Minirock] (S. 212)
>   Überlieferung: 1 Bl., masch. (Kopie)
>   Entstehung: o. O., o. D.
>   Erstpublikation: LTIV

[Ich kenne die Berge meines Vaters nicht,] (S. 216)
>   Überlieferung: 1 Bl., masch. (Kopie)
>   Entstehung: o. O., o. D.
>   Erstpublikation: LTIV

[Wenn ein Land keine Gastarbeiter braucht, dann holt] (S. 220)
>   Überlieferung: 1 Bl., hs.; 1 Bl., masch. (Kopie)
>   Entstehung: o. O., o. D.
>   Erstpublikation: LTIV

[Die Dichter singen von der] (S. 226)
>   Überlieferung: 1 Bl., hs.; 1 Bl., masch. (Kopie)
>   Entstehung: o. O., o. D.
>   Erstpublikation: LTIV

[Ihr habt ja auch vorher keine besseren Wohnungen] (S. 230)
>   Überlieferung: 1 Bl., hs.; 1 Bl., masch. (Kopie)
>   Entstehung: o. O., o. D.
>   Erstpublikation: LTIV

[Kennst du die vergilbten Lichtbilder, die alten] (S. 232)
    Überlieferung: 3 Bl., masch.; 1 Bl., masch. (Kopie)
    Entstehung: o. O., o. D.
    Erstpublikation: LTIV

[Schiller, Hölderlin und Rilke: Gut.] (S. 236)
    Überlieferung: 1 Bl., masch.; 1 Bl., masch. (Kopie)
    Entstehung: o. O., o. D.
    Erstpublikation: LTIV

[Die Hoffnung und die] (S. 240)
    Überlieferung: 1 Bl., hs.; 1 Bl., masch. (Kopie)
    Entstehung: o. O., o. D.
    Erstpublikation: LTIV

[Ich finde mich auf einem Platz. Plötzlich] (S. 242)
    Überlieferung: 1 Bl., hs.; 1 Bl., hs., geh.; 1 Bl., masch. (Kopie)
    Entstehung: o. O., 05.01.1978
    Erstpublikation: LTIV
    Anmerkungen: Ein nachgelassener Textzeuge des Gedichtes trägt den Titel *Kerim*.

[Ich weiß nicht, was sie über die Häuser denken, deren] (S. 244)
    Überlieferung: 3 Bl., masch., hs.; 1 Bl., masch. (Kopie)
    Entstehung: o. O., o. D.
    Erstpublikation: LTIV
    Erläuterungen: V. 4: »Federico Garcia Lorca«: Federico García Lorca (1898–
    1936) war ein spanischer Lyriker und Dramatiker. Neben Ramón del Valle-
    Inclán galt er als wichtiger Erneuerer des spanischen Theaters. V. 5: »Saz«: Die
    Saz ist ein vom Balkan bis Afghanistan verbreitetes Seiteninstrument (Laute).
    V. 5: »Yunus Emre«: Yunus Emre (1240–1321) war ein türkischer Dichter und
    anti-orthodoxer Sufi-Mystiker. Er gilt als Schüler des muslimischen Mystikers
    Hacı Bektaş-ı Veli. V. 6: »Pir Sultan Abdal«: Pir Sultan Abdal (1480–1550) war
    ein türkischer Dichter alevitischen Glaubens. In seiner sufistisch inspirierten
    Lyrik zeigen sich meist Bilder über Gott, die Natur und die Nächstenliebe.

[Die Träume vom bessern Leben] (S. 248)
    Überlieferung: 2 Bl., masch.; 1 Bl., masch. (Kopie)
    Entstehung: o. O., o. D.
    Erstpublikation: LTIV
    Anmerkungen: Ein nachgelassener Textzeuge des Gedichtes trägt den Titel *Der*
    Gastarbeiter.

[Wer da spricht in der Fabrik –] (S. 250)
    Überlieferung: 6 Bl., masch., (Korr.); 1 Bl., masch. (Kopie)
    Entstehung: o. O., o. D.
    Erstpublikation: LTIV

Anmerkungen: Ein nachgelassener Textzeuge des Gedichtes trägt den Titel *Wer da spricht.*

[Seit einigen Jahren habe ich die] (S. 252)

    Überlieferung: 2 Bl., masch., hs.; 1 Bl., masch. (Kopie)

    Entstehung: o. O., o. D.

    Erstpublikation: Salz. Salzburger Literaturzeitschrift, Jg. 16/IV (1991), Nr. 64, S. 21; dort V. 13–V. 14: »in der Kriminalstatistik im Verhältnis zur / einheimischen Bevölkerung unterrepräsentiert.«

    Wieder in: Orte: eine Schweizer Literaturzeitschrift, Jg. 16 (1991/1992), Nr. 77, S. 37.

    Korrekturen: Anführungszeichen in V. 11 (vermutl. Druckfehler in LTIV) auf Grundlage der Erstpublikation geändert.

[Manche Menschen sehen immer noch] (S. 256)

    Überlieferung: 3 Bl., masch.; 1 Bl., masch. (Kopie)

    Entstehung: o. O., o. D.

    Erstpublikation: LTIV

[Die Rheintalautobahn war da,] (S. 260)

    Überlieferung: 1 Bl., masch. (Kopie)

    Entstehung: o. O., o. D.

    Erstpublikation: LTIV

Junitag (S. 265)
> Überlieferung: 6 Bl., masch. (Korr.)
> Entstehung: o. O., o. D.
> Erstpublikation: Bodenseehefte. Das aktuelle Monatsmagazin, (1983), Nr. 6, S. 24.
> Anmerkungen: Das Gedicht ist eine Fassung von *Die Frau des Gutsherrn* (siehe dort).

Die falsche Vereinigung (S. 266)
> Überlieferung: 4 Bl., masch., hs.
> Entstehung: o. O., o. D.
> Erstpublikation: 33–3. Katalog des Vorarlberger Autorenverbandes. Hg. vom Vorarlberger Autorenverband, dem Franz-Michael-Felder- und Vorarlberger Literaturarchiv. Hard: Hecht 1986, S. 94.
> Wieder in: Gabriel, Ulrich/Mörth, Wolfgang (Hg.): Heimatstern. Anthologie Literatur Vorarlberg. Dornbirn: Unartproduktion 2019 (V#34), S. 175–177.
> Anmerkungen: Das Gedicht ist eine Fassung des gleichnamigen Titels aus dem Gedichtband KTGSV (siehe dort).

[Du kommst nicht] (S. 268)
> Überlieferung: 7 Bl., masch. (Korr.)
> Entstehung: o. O., o. D.
> Erstpublikation: 33–3. Katalog des Vorarlberger Autorenverbandes. Hg. vom Vorarlberger Autorenverband, dem Franz-Michael-Felder- und Vorarlberger Literaturarchiv. Hard: Hecht 1986, S. 95.
> Wieder in: Gabriel, Ulrich/Mörth, Wolfgang (Hg.): Heimatstern. Anthologie Literatur Vorarlberg. Dornbirn: Unartproduktion 2019 (V#34), S. 175–177.
> Anmerkungen: Das Gedicht ist eine Fassung aus den beiden Gedichten *Die Räume II* und *Die Räume III* (siehe dort).

[Es wurde Frühling] (S. 269)
> Überlieferung: 9 Bl., masch. (Korr.)
> Entstehung: o. O., o. D.
> Erstpublikation: 33–3. Katalog des Vorarlberger Autorenverbandes. Hg. vom Vorarlberger Autorenverband, dem Franz-Michael-Felder- und Vorarlberger Literaturarchiv. Hard: Hecht 1986, S. 96.
> Anmerkungen: Das Gedicht ist eine Fassung von *Räume V* (siehe dort).

HÖRSPIELE

Der lange Sonntag Osmans (S. 273)
        Überlieferung: ca. 166 Bl., masch., hs. (Korr.)
        Entstehung: o.O., 14.04.82, 01:30 Uhr; 16.04.82; 08.05.1982, 00:30–03:15 Uhr
        Regie: Ribell, Frederik
        Produktion: ORF Landesstudio Vorarlberg
        Schnitt: Malin, Oskar
        Ton: Bolter, Hubert
        Mitwirkende: Celem, Yusuf/Erath, Gudrun/Link, Hans Peter/Luth, Stefan/
        Schüschner, Helmut/Şurdum, Kundeyt/Zündel, Cornelia
        Erstausstrahlung: 10.10.1982
        Länge: 47:00 Min.
        Wiederholung: 11.10.1982; 17.07.1984
        Erstdruck: Neue Texte aus Vorarlberg 3. Hörspiel. Herausgegeben vom Franz-
        Michael-Felder-Verein. Bregenz: Fink 1983, S. 217–236.
        Anmerkungen: In einer vom ORF gestalteten inhaltlichen Beschreibung des
        Hörspiels heißt es: »Der Zuhörer erlebt das Problem des Gastarbeiters ›von der
        anderen Seite‹ her: die menschliche Einsamkeit der Gastarbeiter; und ihre
        Angst, zurückgeschoben zu werden und plötzlich die Aufenthaltsgenehmigung
        zu verlieren; die Einsamkeit der zurückgebliebenen Frauen und schließlich die
        Sehnsucht der Kinder in der Heimat nach einem Vater. – Das Hörspiel ist je-
        doch weniger ein Sozialmelodram, sondern Dichtung, denn Kundeyt Surdum
        (sic!) kommt als Autor von der Lyrik, von der Sprache her.«
        Korrekturen: fehlende Interpunktion ergänzt; Szene 9: »Er fragt nach eueren
        Träumen.« → »Er fragt nach euren Träumen.«

Ich wate in der Dunkelheit (S. 299)
        Überlieferung: ca. 64 Bl., masch., hs. (Korr.)
        Entstehung: o.O., 07.03.82; 08.03.82
        Regie: Köhlmeier, Michael
        Produktion: ORF Landesstudio Vorarlberg
        Schnitt: Malin, Oskar
        Ton: Bolter, Hubert
        Mitwirkende: Götting, Helmut/Meisner, Siegried/Pfanzelter, Heilwig/Schüsch-
        ner, Helmut/Reichel, Hedy/Rhomberg, Konstantin/Weingart, Regine
        Erstausstrahlung: 03.12.1982
        Länge: 59:15 Min.
        Anmerkungen: In einer vom ORF gestalteten inhaltlichen Beschreibung des
        Hörspiels heißt es: »Ein Mann, durch unerwartete Erlebnisse in seinem Selbst-
        verständnis erschüttert, macht ›Urlaub‹ von seiner bisherigen Welt und durch-
        läuft in der Erinnerung verschiedene entscheidende Stadien seiner Entwick-
        lung. In der Rückblendung, in der Versuche seiner Identitätsfindung beleuchtet
        werden, vermischt sich Surreales mit real Erlebtem, einem Traume gleich.«
        Korrekturen: fehlende Interpunktion ergänzt; Szene 7: »(Leise)« → »(leise)«;
        Szene 8: »ihre Hände« → »Ihre Hände«; Szene 13: »Du wirst Sie sehen, die

Meere« → »Du wirst sie sehen, die Meere«; Szene 15: »Ich habe lange an ihrer Tür geklopft,« → »Ich habe lange an Ihrer Tür geklopft,«; Szene 21: »Komm gib mir einen Kuss« → »Komm, gib mir einen Kuß.«; Szene 23: »Am Ende des Waldes das Meer, Endlich das Meer.« → »Am Ende des Waldes das Meer. Endlich das Meer.«; Szene 11: »mehr als Glück« → »Mehr als Glück.«, »hast du das Gedicht gesucht?« → »Hast du das Gedicht gesucht?«

Wege oder die Liebe – Legende eines Augenblicks (S. 329)
Überlieferung: ca. 285 B., masch., hs. (Korr.)
Entstehung: o. O., 17.05.82, 00:30 Uhr; 19.11.1983
Regie: Jagg, Augustin
Musik: Wagner, Donna
Produktion: ORF Landesstudio Vorarlberg
Schnitt: Malin, Oskar
Ton: Bolter, Hubert
Mitwirkende: Berg, Viviane/Haug, Dietlindt/Helfer, Monika/Schüschner, Helmut/Şurdum, Kundeyt
Erstausstrahlung: 24.05.1985
Länge: 48:00 Min.
Anmerkungen: In einer vom ORF gestalteten inhaltlichen Beschreibung des Hörspiels heißt es: »Der verheiratete Mann verliebt sich in eine (verheiratete?) Frau. Die gleiche Sehnsucht nach einer erwärmenden Romanze in der frostigen Sachlichkeit ihrer Umwelt treibt die beiden in einen Dialog über verlorene Ideen wie Heldentum, reine Liebe, Macht oder Ohnmacht. Die nüchterne Sprache der beiden Menschen kommt nicht ursprünglich aus ihrem Inneren, sondern ist ihnen aufgedrängt worden von dem stereotyp materialistischen Umgangsprinzip der erstarrten Gesellschaft. Der Antrieb zum Gespräch bleibt immer diese Sehnsucht nach dem Fünkchen Hoffnung, für das es sich lohnt zu leben.«
Korrekturen: fehlende Interpunktion ergänzt; Groß- und Kleinschreibung angepasst und vereinheitlicht; Szene 1: »nass« → »naß«; Szene 5: »wachsein für die Liebe« → »wach sein für die Liebe«; Szene 6: »Tage, dahin gelebt« → »Tage, dahingelebt«; Szene 8: »Nocheinmal zum Strand.« → »Noch einmal zu Strand.«; Szene 10: »voller UFOS, sie späen die reichen Erzquellen aus,« → »voller UFOs, sie spähen die reichen Erzquellen aus,«; Szene 12: »schiebt die wurzeln zur Kirsche« → »schiebt die wurzeln zur kirsche«; Szene 14: »zu Hause« → »zuhause«; Szene 16: »auf einer bank« → »auf einer Bank«

Siehst du nicht, mein Kind, wie sehr der Bodensee dem Marmarameer gleicht? (S. 369)

    Überlieferung: ca. 63 Bl., masch., hs.

    Entstehung: o. O., 29.08.76; 25.04.78

    Erstpublikation: Leben am See. Heimatbuch des Bodenseekreises. Band 8. Herausgegeben vom Bodenseekreis und der Stadt Friedrichshafen. Tettnang: Lorenz Senn 1990, S. 347–351.

    Wieder in: Hermann, Wolfgang (Hg.): Kein Innen – kein Außen. Texte über leben in Vorarlberg. Bregenz: Ruß 1994, S. 17–21 sowie in: Quart. Kulturzeitschrift des Landes Tirol, (2019), Nr. 34, S. 108–115.

    Anmerkungen: Der Text beinhaltet das Gedicht *Meine Hände greifen nach den Wörtern* aus dem Gedichtband UEGH (siehe dort).

    Erläuterungen: »Base«: Base ist eine veraltete Bezeichnung für Cousine. »Feldkirch«: Feldkirch ist die Hauptstadt des gleichnamigen Bezirks im Bundesland Vorarlberg (Österreich). »Gisingen«: Gisingen ist der bevölkerungsreichste Stadtteil von Feldkirch. »Solschenizyn«: Alexander Issajewitsch Solschenizyn (1918–2008) war ein russischer Schriftsteller und Systemkritiker. 1970 wurde er mit dem Nobelpreis für Literatur ausgezeichnet.

    Korrekturen: fehlende Interpunktion ergänzt.

ALPHABETISCHES TEXTVERZEICHNIS

Anhang

ABKÜRZUNGEN, SIGLEN, KURZTITEL

Nicht aufgeführt sind gebräuchliche Abkürzungen wie z. B., u. a., vermutl., Abb., frz., türk., S., Nr., etc.

Bd.	Band
Bl.	Blatt
EA	Erstausstrahlung
Fass.	Fassung
geh.	geheftet
H.	Heft
Hg.	Herausgeber/in
hs.	handschriftlich
Jg.	Jahrgang
Korr.	Korrekturen
KTGSV	*Kein Tag geht spurlos vorbei*
KŞ	Kundeyt Şurdum
LTIV	*Landlos. Türken in Vorarlberg*
masch.	maschinenschriftlich
o. D.	ohne Datum
o. O.	ohne Ort
Red.	Redaktion
Str.	Strophe
T.	Titel
UEGH	*Unter einem geliehenen Himmel*
V.	Vers
[...]	Auslassung